환자가 몰리는 병원은 서비스가 다르다

환자가 몰리는 병원은 서비스가 다르다

초판 1쇄 2023년 01월 27일

지은이 전희진 | **펴낸이** 송영화 | **펴낸곳** 굿웰스북스 | **총괄** 임종익

등록 제 2020-000123호 | **주소** 서울시 마포구 양화로 133 서교타워 711호

전화 02) 322-7803 | **팩스** 02) 6007-1845 | **이메일** gwbooks@hanmail.net

© 전희진, 굿웰스북스 2023, *Printed in Korea*.

ICDN 070 11 02260-80-2 03320 | 값 **16,000원**

그 병원의 서비스 비밀 노트

환자가 몰리는 병원은 서비스가 다르다

★★★★★
의료서비스
마스터의 성공하는
마케팅 노하우

전희진 지음

굿웰스북스

친절 서비스에 대한 탐구 영역은 참으로 방대하고, 어찌 보면 막연하다는 생각마저 듭니다. 말만 잘하면 할 수 있는 것, 장사꾼에게나 필요한 것이라는 고정관념에서 헤어 나오지 못하는 사람들도 아직 상당수입니다. 서비스에 신경을 쓰지 않아도 늘 사람들로 북적이고, 매출마저 훌륭하다면 더욱이 '바쁜데 그런 것까지 할 시간이 없다'라는 그럴싸한 변명으로 서비스에 등을 돌리기도 합니다.

왜 그럴까요?

이는 서비스에 대한 정확한 개념과 중요성을 아직 제대로 인식하지 못해서일 가능성이 큽니다. 친절한 것이 좋다는 것은 알지만 정확히 어떻게 해야 하는지 너무 막막한 것이지요. 하나의 기업 또는 하나의 병원 안에서 직원 개인의 서비스가 어떻게 실천되어야 고객으로 하여금 감동을 불러일으키는지 알지 못한다면 친절 서비스를 시작하는 것부터 어려워집니다.

병원의 서비스는 단순한 '친절'만 가지고는 환자들을 만족시키기 어렵습니다. 병원이라는 특수성 때문입니다. 하지만 그런 특수성으로 우리는 더 쉽고 더 깊이 환자들을 감동시킬 수 있습니다.

우리의 업무와 마찬가지로 병원의 친절 서비스 또한 각자의 위치에서 역할이 나누어져 있고, 그저 '열심히'가 아닌 '제대로' 하는 방법이 여기 있습니다. 한 병원에서 각자의 역할에 대해 제대로 인지하지 못하고 분업화되지 못한다면 결국 이 친절 서비스는 개인의 역량에만 의존한 시스템에 그치고 맙니다.

혹시 우리 병원이 이렇게 돌아가고 있지는 않나요?

병원을 컨설팅하여 길을 제시하고, 기업의 CS를 연구하고, 병원 종사자들에게 실무를 교육하고, 현재도 병원에서 환자라는 고객을 마주하고 있는 저자의 이야기는 다양한 분야에서 고군분투하시는 독자 여러분에게 도움이 될 것입니다.

이 책은 챕터별로 정리되어 있어 어떤 서비스가 환자가 원하는 서비스인가를 설명하고, 직원과 병원에게 유리한 서비스를 세부적으로 안내합니다. 기업의 서비스를 연구하여 양질의 기업 서비스를 병원에도 접목시켜 경영자와 중간관리자, 실무자들 모두에게 정보를 전달하지만 쉬운 문체와 자세한 설명으로 읽기 쉽도록 집필하였습니다.

 서비스는 매우 유기적입니다. 단순히 한 명의 눈으로만 보고 실천하는 서비스는 개인에게는 이롭지만, 병원에는 독이 될 수도 있습니다. 마냥 친절하기만 한 서비스가 아닌 우리 병원에 맞는 서비스를 찾아보십시오. 병원을 경영하고 실무를 담당하는 독자분들께 부디 도움이 되었으면 좋겠습니다.

목차

Part.2
우리 병원엔 왜 이렇게 진상 고객이 많을까?
- 세상에 나쁜 고객은 없다

Part.5

고객 만족을 부르는 마케팅의 8가지 기술
- 마케팅은 병원의 생존 기술이다

Part.6

우리는 우리의 첫 번째 고객, VIP다!
- 좋은 서비스를 느껴본 사람만이 좋은 서비스를 할 수 있다

Part.1

한 단계 높은
차원의 서비스로
무장하라

-

같은 병원에서
다른 매출을
일으키는 비밀

1.

환자의 관점으로 보면
서비스가 달라진다

환자의 시선에서 환자가 감동받는 서비스를!

나는 영화 보는 것을 즐기는 편은 아니지만, 영화를 보고 난 후 해석하는 시간은 영화의 러닝 타임 만큼이나 공들여 즐긴다. 감독의 메시지를 파악해서 내가 생각한 것과 비교를 해본다거나, 내가 감명 깊게 보았던 포인트를 몇 번씩 곱씹어보곤 한다. 그리고 나의 즐거움이 하나 더 있다면 바로 다른 사람들의 관람 후기를 찾아보는 것이다. 그러면 내가 미처 보지 못했던 장면도 마치 숨은그림찾기처럼 한 번 더 짚고 넘어갈 수 있고, 그 장면에 숨겨진 메시지를 찾아보는 기회가 되기도 한다. 요즘같이 '열린 결말'이 대세인 시대에는 이런 나의 습관이 더욱 빛을 발한다. 각자 어떻게 생각하느냐에 따라 같은 영화를 보고도 서로 다른 영화를 본 양 해석이 달라지는 것을 보면, 이 '관점'이라는 것은 참 흥미롭다.

우리가 늘 접하고 있는 서비스도 영화와 비슷하다. 어떤 서비스를 제공할지 여러 가지 관점에서 생각해볼 필요가 있다. 같은 서비스라도 환자의 관점에서 보는 서비스가 있고, 병원의 관점에서 보는 서비스가 있을 수 있다. 제공하는 주체는 병원이라고 하더라도 결국 환자를 위해 제공된다면, 우리는 병원의 시선이 아닌, 환자의 시선에서 바라볼 필요가 있다. 환자라는 관객이 감동받을 수 있는 영화를 만들기 위해서 우리는 어떤 점을 생각해야 할까?

정말 환자를 위한 서비스는 어떤 것일까?

서비스를 제공할 때, 병원의 입장에서는 이 서비스로 발생할 이익을 생각하지 않을 수 없다. 애초부터 서비스를 제공하는 목적이 바로 고객을 병원으로 오게 하기 위함이기 때문이다. 그래서 병원 관점에서는 손해와 이익에 대해 확실히 따져보지 않을 수가 없는 것이다.

환자의 편의를 위해 대기실에 냉장고를 두고 주스를 비치했다고 가정해보자. 그럼 환자의 입장에서는 대기하는 동안 주스를 마실 수 있는 서비스를 제공했으니, 적어도 불편함 없이 주스를 마실 수 있어야 한다고 생각한다. 하지만 병원 입장에서는 생각보다 빨리 소진되는 주스를 보며 구입 금액을 생각하게 되고, 직원들은 주스를 채우는 수고를 생각하게 된다. 그러다가 결국 주스의 양을 한정시키고, 정해진 수량이 있으니 한 사람당 하나씩만 마실 수 있다는 안내문을 붙이기로 한다. 환자들은 그 글을 보는 순간, 서비스의 '불편함'을 느낀다. 환자들이 불편하게 느끼는 서비스를 과연 진정한 서비스라고 볼 수 있을까?

병원의 입장을 들여다보자. 처음 시작은 '환자를 위한 서비스'였다. 개원한 지 얼마 되지 않아 환자도 많지 않았고, 대기시간도 길지 않았지만 잠시라도 기다리는 환자들을 보며 '어떻게 하면 기쁜 마음으로 기다리게 할 수 있을까?'를 고민했다. 그렇게 탄생한 서비스가 '냉장고 주스' 서비스이다. 그런데 점점 환자가 늘어나면서 자신들만의 방법으로 서비스를 즐겼고, 생각보다 주스 소비량이 많아지니 부담이 되기 시작했다. 그렇다고 갑자기 없앨 수도 없었다. 고민 끝에 병원의 선택은 '주스의 양을 한정시키는 것'이었다. 자, 이제 고객의 입장이 되어보자. 냉장고 앞에 섰는데 왠지 뒤에서 직원들의 따가운 시선이 느껴지는 것 같다. 하필이면 왜 이렇게 직원들이 잘 보이는 곳에 냉장고를 둔 건지 모르겠다. 그나마도 불편한 마음으로나마 꺼내 마실 수 있던 주스가, 오후에 가면 다 소진되어 없다고 한다. 나도 환자인데 어딘지 모르게 억울한 느낌이다. 이럴 거면 하지를 말지 치사하다는 느낌마저 든다.

우리가 새로 개업한 음식점에 가서 만족했다고 할 때, 그 만족은 음식

맛에만 국한되지는 않는다. 새로 생겨서 깨끗한 인테리어와 깨끗한 옷을 입은 종업원, 그리고 한 명의 손님도 옆 가게에 뺏기지 않으려는 종업원의 친절한 태도와 후식까지 모두 만족스러웠을 것이다. 하지만 시간이 지나 다시 가보면 깨끗했던 종업원의 옷은 얼룩덜룩 지저분해져 있고, 이미 고객이 많아진 내부는 정신없이 바빠서 친절함은 찾아볼 수가 없다. 후식으로 주었던 제철 과일 가득했던 화채는 그저 달기만 한 시판용 매실 음료로 바뀌어 제공된다. 과연 처음과 같이 만족스럽다고 할 수 있을까?

고객들은 서비스를 자연스럽게 받아들이지 못할뿐더러 오히려 서비스로 인한 불만이 생기고 말았다. 고객의 입장에서는 '제대로 된 서비스를 하려면 처음부터 이런 것까지 계산을 했어야지.'라는 생각이 들기 마련이다.

직장에서 서비스를 제공하는 우리도, 어딘가에서는 서비스를 제공 받는 고객이다. 그렇기 때문에 관점을 달리하여 생각하는 것은 더더욱 어렵지 않다. 우리가 고객 입장일 때 서비스가 조금이라도 달라지면 "초심을 잃었구면." 혹은 "배가 불렀네."라는 말을 쉽게 한다. 고객들이 그만큼 작은 것도 예민하게 받아들인다는 의미가 될 수도 있겠지만, 정말 그 마음이 고스란히 전달되는 것일 수도 있다.

나를 단골을 만들기 위해 개업할 때는 최선을 다했던 우리 동네 맛집 사장님도 이제는 정말 간절함이 줄어들었을 수도 있고, 옆 병원이 새로 생겼을 때 위기의식을 느껴서 환자에게 세심한 노력을 기울였던 우리도 환자의 평이 별로인 옆 병원에 안심하며 서비스에 나태해진 것일 수 있

환자가 몰리는 병원은 서비스가 다르다

다. 서비스라는 것은 아주 투명해서 우리의 마음을 들키기 쉽다. 처음 서비스를 기획했을 그때의 그 마음을 잊지 말아야 한다.

서비스를 제공하고자 했던 목적을 생각하라

환자에게 전달하고자 하는 그 마음이 진심이라면, 정말 환자를 위한 것인지도 꼭 체크해보자. 병원 입장에서는 안 해도 그만인데 그래도 환자를 위한 배려라고 생각하지만, 환자 입장에서는 '이럴 거면 안 하는 게 낫다.'라고 느낄 수도 있다. 이도 저도 아닌 애매한 서비스는 목적을 잃어버려 안 하느니만 못하다. 물론 대부분의 환자는 좋아하지만 극히 일부의 환자에게는 만족을 주지 못하는 서비스가 될 수는 있다. 모두에게 백 퍼센트 만족을 주는 것은 현실적으로 불가능하기 때문이다. 하지만 받는 사람의 대부분이 예시와 같이 받고도 불편해한다거나, 병원이 왜 이런 행동을 하는지 병원의 배려가 배려로 느껴지지 않는 서비스는 정말 환자를 위한 서비스라고 느껴지지 않는다. 애초에 서비스를 제공하고자 했던 목적이 무엇인지 다시 한번 생각해보자. 목적을 상기하는 것만으로도 처음 그 마음 그대로 전달될 수 있을 것이다.

환자의 관점에서 생각하고 서비스를 한다는 것은, 환자가 감동받을 수 있는 영화를 만들 준비가 되었다는 것과도 같다. 당장 내가 하고 있는 서비스를 환자의 관점에서 다시 생각해보자. 의외로 병원의 관점에서만 뿌듯한 서비스일지도 모른다.

2.

우문현답 :
우리의 문제, 현장에 답이 있다

알 수 없는 '그 환자'의 사정, 누군가는 헤아려야 한다!

"쌤, 그 날 오프라서 못 봤지? 아니 마스크라도 썼으니 망정이지, 글쎄 침을 여기까지 튀기면서 1년 전 일까지 다 얘기를 하고 가더라니까. 그럼 그때 얘기를 했어야지, 왜 이제야 그러는 거야? 그동안 어떻게 참았나 몰라~, 그래서 데스크 쌤이 휴지로 그 튀기는 침을 계속 닦아가면서 얘기를 들었다니까. 한 통은 썼을 거야, 아마."

A 병원의 점심시간. 여느 때와 마찬가지로 점심을 먹으며 P직원은 O

환자가 몰리는 병원은 서비스가 다르다

직원에게 환자 컴플레인 때문에 힘들었다며 푸념을 늘어놓았다.

"아니, 쌤. 그래서 어떻게 해달래요? 환불해달라는 거야?"
"몰라, 그런 거 아닐까? 예약은 하고 간 것 같던데. 어떻게 됐어요?"
"하, 무슨 마음인지 모르겠어요, 또 올 것 같긴 한데……. 저 그날 진짜 힘들어서 그만둔다고 말할 뻔했다니까요."

이런 대화가 익숙하게 느껴질지도 모르겠다. 마치 안줏거리처럼 환자의 이야기를 하며 불평불만을 쏟는 일들. 그런데 대화를 잘 보면 문제가 보인다. 그건 바로 무슨 일이 있었는지, 어떤 일로 인한 컴플레인이었는지 사건에 대한 전말이 없다는 것이다.

어떤 상황에서 그렇게 불같이 화를 냈는지 환자의 자세한 내막도 중요하지 않다. 그저 강 건너 불구경하듯 환자의 컴플레인 장면에만 집중하며 소리친 그 사람이 이상하고, 튀기는 침을 맞아가며 대화했던 게 힘들었을 뿐이다.

다시 이야기를 돌려보자. 침을 그렇게까지 튀기면서 1년 전 일까지 이야기했던 그 환자의 속사정을 우리는 알아야 하지 않을까? 1년 동안 우리 병원에 다니면서 마음고생을 했지만 이야기하지 않았던 그 환자의 마음을, 적어도 우리 중 누군가 한 명은 제대로 헤아렸어야 하지 않을까?

우리 병원에 적용하는 '우문현답'이라는 진리

모든 일은 일어나기 전에 예방하는 것이 가장 좋다고들 이야기한다. 물론 일이 생기기 전에 미리 알아채기란 쉽지 않다. 보통은 일이 일어난 후에야 자각하는 경우가 부지기수이다. 그렇기 때문에 상황에 따른 환자의 첫 컴플레인은, 우리 병원의 문제를 알려줌과 동시에 해결할 수 있게 해주는 매우 중요한 단서가 된다.

한때 '우문현답'이라는 단어가 여기저기서 유행처럼 쏟아져 나왔던 때가 있었다. 정치계는 물론이고, 각계각층을 막론한 다양한 기사의 제목, 그리고 각종 전문가들이 정성스레 적은 책의 제목에도 '우문현답'이라는 단어가 쓰였고, 지금까지도 사용되면서 범위가 더욱 넓어지고 있다. 한 가지 재미있는 점은 이 '우문현답'이 본래 사자성어인 '우문현답(愚問賢答)-어리석은 질문에 대한 현명한 대답'이라는 뜻이 아니라 '우리의 문제는 현장에 답이 있다.'라는 의미로 사용되고 있다는 점이다. 그리고 워낙 여기저기서 적절한 의미로 많이 쓰다 보니, 이제는 이런 줄임말이 익숙하기까지 하다. 그럼 이런 우문현답을 우리 병원의 컴플레인에도 적용할 수 있을까?

우리의 컴플레인 문제 역시 현장에 답이 있다. 컴플레인(complaint)은 클레임(claim)과는 약간은 다른, 고객의 주관적인 견해로 인해 제기되는 불만이다. 그러한 이유로 우리는 더욱 현장을 자세하게 관찰할 필요

환자가 몰리는 병원은 서비스가 다르다

가 있다. 환자가 문제로 인식했던 그 당시 모습부터 관찰하여야 하며, 결정적 순간(MOT: Moment of Truth, 직역하면 진실의 순간이라 할 수 있다. 서비스 제공에 있어 고객의 만족은 서비스 제공자와의 접점의 품질에 의해 결정된다.(한국표준협회))의 병원의 상황은 어떠했는지 알아야 한다. 그리고 당시 환자의 상황 파악이 선행되어야 한다.

이를 제대로 준비하기 위해서는 시스템적인 장치, 즉 병원 내부의 접점을 한눈에 볼 수 있는 'MOT 체크 리스트'나 '접점별 서비스 매뉴얼' 등이 있으면 더욱 효과적이다. 'MOT 체크 리스트'는 환자가 병원에 들어서면서부터의 각 접점을 체크하여 고객, 즉 환자가 불편한 부분은 없는지 빠짐없이 체크한 것이다. 여기에 더불어 '접점별 서비스 매뉴얼'이 준비되어 있다면 병원이 미처 신경 쓰지 못한 서비스와 환자를 만족시키지 못했던 부분을 쉽게 체크하고 해결하기 쉽다. 하지만 이러한 내부 시스템이 갖춰져 있지 않더라도 얼마든지 현명한 해결은 가능하다.

보통 환자가 컴플레인을 하면 환자가 한 말, 한 행동에 집중하는 일이 많다. 사실 그것은 중요하지 않다. 물론 우리가 대비하지 못했던 상황에 있어서 환자의 컴플레인 방법은, 해결을 위한 단서, 혹은 근거를 찾기에 중요하지만 이는 우리가 대비를 하지 못했기에 차선책이 최선이 되는 것일 뿐이다. 환자가 언급하는 불편 사항은 우리에게 너무나 고마운 힌트이다. 그렇기 때문에 우리는 내 앞에 앉아 있는 컴플레인 환자를 웃으며 돌려보낼 수 있고, 앞으로 내 앞에 앉게 될 컴플레인 환자에 대한 고민을 지울 수 있다.

새로운 곳으로 이직을 하고, 처음으로 제대로 대화를 나누어보는 그 환자와의 인사는 아쉽게도 컴플레인으로 시작되었다. "그때 그건 그렇다 쳐도 이건 너무하지 않냐."라는 말 안에 내가 아는 상황은 하나도 없었지만, 그렇기에 나는 더욱 이리저리 머리를 굴렸다. '이 사람은 왜 이렇게 화가 났을까?' 환자에게 불평을 들으면서 나는 그동안의 병원 상황을 유추할 수 있었고, 앞으로도 이러한 상황이 많이 생길 것이라는 예감도 틀리지 않았다. 어떻게 보면 그것이 내가 그 병원으로 취직하게 된 이유인 듯했다.

현장으로 들어가면 고객의 불만을 줄일 수 있다

우리는 우리의 실수를 모르고 넘어가는 일이 생각보다 많다. 당연하다고 생각하고 넘어가는 일, 내가 이 정도 해놓으면 나머지는 누군가가 처리해주고 있을 것이라는 오산, 늘 해왔던 일에 대한 매너리즘, 한 번도 제대로 배우지 못한 채 기계적으로 해왔던 행동이 오해를 불러일으키기도 하고, 불편함을 발생시키기도 한다. 그런 경험을 한 많은 사람들 중 하나가 용기를 내어 이야기해준다는 것은 고마운 일이다. 말을 하지 않는다고 괜찮은 것이 아니다. 그저 말을 하지 않고 떠나갈 뿐. 그래서 항상 원인을 생각하고 현장에 직접 들어가보아야 한다. 그들의 말을 직접 들어야 문제의 원인을 찾을 수 있다. 직원들의 말만 듣거나 상황을 유추만 해서는 절대로 '명확한 이유'를 알 수 없다. 이유를 찾지 못하면 어떠

환자가 몰리는 병원은 서비스가 다르다

한 전략도 세울 수 없다. 현장 속에서 직접 그들의 이야기를 들어야 한다.

그렇다고 매번 환자가 컴플레인하길 기다릴 수만은 없지 않은가? 이제 환자의 이야기를 직접 들을 수 있는 상황을 만들어보자. 우리 병원에 좋은 기억으로 다니는 환자라고 하더라도 조금의 불편함은 있을 수 있다. 치료가 끝난 환자들에게 하는 마무리 상담은 우리 병원에 큰 도움이 된다. "혹시 그동안 진료 받으면서 좋았던 점과 불편하셨던 점이 있으면 하나씩만 말씀해주세요. 직접 환자분들의 얘기를 듣고 적용하려고 합니다."라고 말하면 아주 작은 것이라도 편안하게 말해준다. 이런 것들을 놓치지 말자. 작고 사소한 일이라도 미리 대비하면 다른 환자의 컴플레인을 예방할 수 있는 좋은 지침서가 된다.

한 명의 컴플레인 환자가 백 명의 컴플레인 환자를 막는다. 그들의 목소리에 귀 기울이자.

컴플레인 응대는 'Yes, and' 화법으로 해결하자!

환자가 무슨 말을 어떻게 하든, 환자의 의도는 그동안 불편했고, 그 불편함을 알아달라는 것입니다. 그리고 더불어 해결까지 해주면 금상첨화이지요. 이때 우리가 가장 먼저 해야 할 일은 '공감'입니다. "그동안 많이 불편하셨겠어요.", "저라도 그랬을 것 같아요. 충분히 이해합니다." 등의 감성 터치를 먼저 해주면 환자는 금방 누그러집니다. 우리가 흔히 아는 'Yes, but…'이 아닌 'Yes, and…'가 되어야 한다는 것이지요. "맞아요. 충분히 불편할 수 있습니다, 그렇지만 우리 병원의 규정이….'라며 긍정한 후에 부정적인 대화를 이어가면 오히려 환자의 불만을 더 불태울 수 있어요. "맞아요, 이해합니다. 그리고 저희도 그동안 그런 불편함을 충분히 알고 준비하고 있었습니다. 이렇게 말씀해주셔서 너무 감사드립니다."라고 말해봅시다. 그 후에 신속하고 정확한 해결을 한다면, 환자는 우리 병원을 더욱 신뢰할 수 있게 될 겁니다.

3.

팀워크가 전체 서비스의
질을 좌우한다

병원 내 환자들의 모든 순간이 중요하다

환자가 병원에서 진료를 받고 귀가하기까지 얼마나 많은 서비스 접점 단계를 거칠까?

A환자의 여정을 함께 따라가보자. A환자는 내원 예약을 위해 우리 병원에 전화를 한다. 예약을 하고, 약속한 날짜에 직접 운전해서 가보기로 한다. A씨는 운전이 서툴러서 주차에 대한 걱정을 했지만 다행히 건물 지하 주차장이 있어 쉽게 들어갈 수 있었다. 넓고 쾌적한 주차장에 편안하게 주차하고 엘리베이터를 타고 올라간다. 접수를 위해 병원의 데스

크에서 코디네이터의 안내를 받으며, 예진실에서 예진을 받는다. 불편한 부분을 미리 체크하고, 진료실로 들어간다. A환자가 긴장한 마음을 달래며 기다리다 보니 의사가 와서 직접 아픈 부위를 진찰한다. 긴장한 것 치고는 빨리 끝났다고 생각하며, 처방과 진료를 받고 나온다. 상담실로 안내된 A환자는 상담자와 마주 앉아 치료가 필요한 환자의 상태를 듣고, 치료를 결정하는 시간을 갖는다. 그 후에 A환자는 다시 복도를 지나 처음에 들렀던 데스크로 가게 되고, 집에 돌아가기 전 마무리 안내를 받는다.

이렇게 환자는 우리 병원에 오기 전 자신의 공간에서부터 온라인이나 유선상으로 우리 병원을 경험하고, 내원한 후에도 수많은 접점, 그리고 더욱 많은 수의 직원들을 거친다.

A환자의 시선으로 바라본 우리 병원은 어떤 모습인가? 대개 우리는 환자의 진료, 상담 등 핵심 내용에만 집중하는데, 사실 환자가 우리 병원을 선택하는 이유는 여러 가지가 될 수 있다. 단순히 진료를 잘해서, 상담을 친절하게 잘해서 선택하지는 않는다. 주차장에서의 주차 안내원의 말 한마디, 문을 열고 들어섰을 때 데스크 코디네이터의 인사말, 진료실로 안내하는 직원의 태도와 표정 등 수많은 접점에서 형성되는 감정과 라포를 통해 최종 선택을 하게 된다. 그런데 우리는 매일 반복되는 병원 생활에서 매너리즘에 빠져 환자에게 중요한 그 하루의 그 한마디를 너무 쉽게 생각하고 있지는 않은가? 우리가 아무 생각 없이 지나쳤던 하나하나가 우리 병원의 서비스 구멍이 될 수 있다.

조직문화 뿐만 아니라 서비스도 잡는 '팀워크'

내가 10년이 넘게 여러 곳의 병원을 다니며 관찰하고 경험한 결과, '서비스 구멍'이 존재하는 병원에서 매끄러운 서비스가 이루어지지 못하는 병원들의 공통적인 원인을 발견했다. 그것은 의외로 병원 내 구성원들의 팀워크(Team Work)였다. 보통의 기업에서 'CS 서비스'는 어느 정도의 교육을 받으면 어렵지 않게 해낼 수 있다고 생각한다. 물론 개인의 선에서 끝나는 서비스는 가능하다. 하지만 기업 전체의 서비스 품질을 올리는 것, 그리고 제공된 서비스로 고객들의 만족을 이끌어내는 것은 개인의 역량만으로는 어렵다. 이때 필요한 것은 직원들의 서비스 교육이 아닌, 마인드인 것이다. 팀워크라 하면, 보통 조직 관리에서 많이 나오는 단어인데, 고객을 위한 서비스에도 팀워크가 중요하게 작용할까? 팀워크와 서비스는 과연 얼마나 밀접한 관련이 있을까?

기본적으로 고객이 만족할 만한 서비스는 자연스러워야 하고, 흐름이 매끄러워야 한다. 아무리 교과서적으로 훌륭한 서비스라고 하더라도 우리 병원의 콘셉트와 방향성에 맞지 않는다면 그건 오히려 좋지 않은 서비스로 비춰질 수밖에 없다. 어르신들이 많이 오는 사랑방 같은 분위기의 병원에서 "안녕하십니까?"라며 90도 인사를 하는 호텔식 서비스는 어울리지 않는다. 카페 같은 인테리어와 도시적인 분위기의 병원에서 "아이고, 엄마 안 아팠어? 많이 아팠겠네. 걱정 마요, 걱정 마."와 같은 구수

한 친절은 어울리지 않는다.

우리 병원의 환자 층을 분석하고 병원 콘셉트에 맞춰 서비스 전략을 세워야 한다. 이때 꼭 필요한 것이 전 직원이 함께 공유하는 것이다. 그 과정에서 명확한 목적과 이유를 인식시켜주는 것은 필수적이다. 그렇지 않으면 직원 각자가 이 일을 왜 해야 하는지 모르고, 결국 자기식대로 해석해서 서비스의 분리가 일어난다. 이 마인드 장착의 핵심이 바로 팀워크이다. 우리 모두가 함께, 한 병원을 위해서, 그리고 환자를 위해서, 그리고 우리를 위해서, 다 함께 같은 행위를 한다는 것에 대한 정확한 개념이 정립되어 있지 않으면 서비스는 맥락 없이 뚝뚝 끊길 수밖에 없다. 다음 사례를 보자.

30대 남성이 이른 아침부터 가슴 통증으로 병원에 내원했다. 바로 리셉션으로 와서 증상을 이야기하는데 얼굴은 통증으로 일그러져 있다. 직원은 환자에게 별다른 피드백 없이 "3층 엑스레이실로 올라가세요."라고 말한다. 3층으로 힘겹게 올라간 환자는 대기실 의자에 앉아서 기다리고 있다. 10분 정도 지났을까? 직원이 다가와 "안녕하세요, 환자분. 혹시 3층으로 올라가라고 안내 받으셨어요? 가슴이 아프면 4층으로 가셔야 하거든요. 죄송하지만 다시 4층으로 가보시겠어요?"라고 말한다.
이때 환자는 무슨 생각을 할까? 아무리 직원이 친절한 인사와 적절한 쿠션 멘트까지 섞어서 응대한다고 해도 고맙다는 마음은 안 들 것이다.

오히려 직원들끼리 의사소통도 안 되는 병원이라는 생각에 신뢰가 깨지고, 자신의 증상도 제대로 전달되지 않았을 것 같은 불안감마저 들 수 있다.

3층 직원은 최선의 서비스를 했지만, 최고의 서비스를 하지는 못하였다. 이런 경우, 일단 환자를 왜 이리로 보냈는지 리셉션 부서에 확인을 해봐야 한다. 이것은 내가 같이 일하는 동료가 업무를 잘못 처리했다고 확신하기 전에 해야 하는 최소한의 예의이다. 그리고 바로 확인하지 못하는 상황이라면, 이렇게 한 이유가 무엇이었는지 먼저 생각해야 한다. 그럼 환자에게 "혹시 엑스레이를 먼저 촬영하라고 했나요?" 등의 질문을 할 수 있있을 것이다. 그럼 환자에게도 우리 병원에서 잘못된 응대를 했다는 내용을 전달하거나 내용을 번복하지 않고 자연스럽게 다음 안내를 할 수 있다. 우리 병원의 다른 동료를 깎아내리는 일은 곧 나의 얼굴에 침을 뱉는 일이다.

같은 목표를 향해가는 우리는, 한 팀이다

병원에서는 주로 진료실과 데스크의 소통이 필요하다고 이야기한다. 하지만 이런 경우, 서로간의 간극을 줄이기 위해 소통의 장을 만드는 것이 큰 의미는 없다. 두 팀이 되었건, 세 팀이 되었건, 열 명이 되었건, 백 명이 되었건, 한 병원 안에서 우리 모두가 함께, 한 병원을 위해서, 그리고 환자를 위해서, 그리고 우리를 위해서, 다 함께 같은 행위를 한다는 것에 대한 정확한 개념만 잡히면 쉽게 해결되는 문제인 것이다.

진료실에서 환자 예약이 많아서 힘든 진료실 직원이 데스크 직원에게 힘듦을 토로한다고 한들, 예약을 적게 잡을 수 있겠는가? 데스크 직원이 진료실 직원에게 진료 시간이 긴 것으로 불만을 토로한다고 한들, 진료를 하다 말고 환자를 귀가시킬 수 있겠는가? 정말 업무의 수준이 낮아서 문제가 생기는 것이라면 그것은 직원 교육을 통해 해결할 문제이다. 여기서 필요한 것은 한 병원에서 환자에게 충실할 수 있는 기본적인 마인드, 서로의 역할을 이해하는 자세, 서로의 단점을 보완해줄 수 있는 팀워크인 것이다.

팀워크가 제대로 형성되었다면 다음 스텝은 서로의 '업무 공유'이다. 환자의 접점은 생각보다 더 세밀하면서도 방대하다. 이 과정을 마치 한 명이 처음부터 끝까지 안내하는 것처럼 매끄러운 서비스를 해야 한다. 그러려면 업무 공유는 선택이 아닌 필수이다. 환자가 전화로 예약하면서 한 말을 접수할 때 또 하고, 진료실에 가서 또 한다면 업무 공유가 전혀 되지 않은 것이다. 오직 자신이 맡은 역할에서의 업무만 수행할 뿐, 환자의 접점은 전혀 고려하지 않는 것이다.

대부분의 병원이 환자가 남기는 불만 리뷰는 두려워하면서, 환자가 같은 말을 여러 번 반복하는 시스템은 시정하려고 하지 않는다. 아랫사람이 보고 하는 것은 당연하게 받아들이면서, 윗사람이 아랫사람에게 하는 업무 공유하는 것은 아무렇지 않게 스킵한다. 이 또한 팀워크의 부재이다.

고객에게 하는 서비스에 개인의 감정이 섞여서는 안 된다. 직원끼리 위, 아래 없이 대등한 사이가 되라는 것이 아니다. 환자의 내원 경로를 따라가면서 환자의 정보가 누락, 중복되지 않도록 공유하라는 것이다. 모든 서비스는 떼려야 뗄 수 없는 유기적인 관계에 있다. 우리가 하는 환자의 진료, 건네는 말 한마디, 안내할 때의 손동작 하나까지 모두 다 서비스이다. 병원에 들어서는 그 순간부터 서비스가 아닌 것이 없다.

병원이라는 이름 아래 우리가 있을 뿐, 개개인이 각자 따로 하는 서비스는 잘해봐야 큰 의미가 없다. 가장 중요한 한 가지를 잊지 말자. 우리는 한배를 탄 사람들이다. 배가 운항을 시작할 때 선장이 아무리 훌륭하다고 한들, 혼자의 힘으로는 큰 배를 움직일 수 없다. 모든 선원이 각자의 포지션에서 최선을 다할 때 비로소 성공적인 운항이 가능하다는 것을 잊지 말자.

팀원을 존중하면 환자의 신뢰가 쌓인다

모든 사람이 환자를 대하는 방식이 같을까요? 결코 그렇지 않죠. 잘하는 사람과 못하는 사람의 차이가 아니라, 어떻게 응대하고 있는지 그 방법이 다를 수 있습니다. 매뉴얼에서 크게 벗어나지 않는 행위라면 서로의 업무 스타일을 인정하고 배울 점을 찾아보는 것은 어떨까요?

동그라미를 그린다고 가정해봅시다. 어떤 사람은 컴퍼스를 이용해서 그리고, 어떤 사람은 모양 자를 이용해서 그립니다. 또 어떤 사람은 자신의 감을 믿고 과감하게 그리기도 하지요. 하지만 의외로 이 결과는 크게 다르지 않을 수도 있습니다. 도구를 사용하지 않았다고 그 사람을 나무랄 필요가 있을까요? 어떤 도구도 이용하지 않고 자신의 감대로 그리는 사람에게 그 팁을 배우는 것이 동그라미를 빠르게 그리는 요령이 될 수도 있습니다.

분과로 되어 있거나 부서가 여럿으로 나뉘어 있는 곳을 가면 직원들의 고충은 작은 병원보다 상당합니다. 환자를 앞에 두고 "거기서 여기로 오라고 했다고요?"라거나 "아니 일을 왜 이렇게 하는 거야." 식의 이야기가 자신도 모르게 튀어나와버리죠. 물론 그런 생각이 들 수 있죠, 이해합니다.

하지만 적어도 우리끼리가 아닌 환자에게 굳이 우리의 흠을 들추지는 말자고요. "아, 이리로 안내받으셨군요? 아마 이런 문제가 생길 수 있어서 그렇게 안내한 것 같습니다. 이것은 저희가 처리해드릴게요, 이 부분은 이렇게 처리하시면 좋을 것 같습니다."와 같이 서로가 편안해지는 응대를 연습해보는 것은 어떨까요? '왜 저래'가 아니라 '그럴 수도 있겠구나.'로 바꾸어 생각해보면 정말 유레카를 외치게 되는 경우도 꽤 많더라고요. 마음을 열고 사고를 넓게 확장해보세요. 한배를 탄 우리 동료에게서 더 많은 것을 배우며 함께 성장하면 그것이 윈윈(WinWin) 아닐까요?

4.

화장실 안내도 환자의
입장에서 만들어라

고객들의 포인트를 세심하게 공략하라

유명 포털사이트에 '영수증 리뷰'라는 것이 있다. 해당 매장이나 병원 등을 이용한 영수증만 있다면, 영수증 인증 후에 리뷰를 남길 수 있는 권한이 주어진다. 영수증 리뷰는 이용자가 서술형으로 글을 적는 칸도 있지만 '이런 점이 좋았어요'라는 키워드를 선택할 수도 있는데, 나는 서비스를 연구하는 입장에서 이 항목을 주의 깊게 보곤 한다. 내가 주로 가는 커피 전문점은 정말 다양한 키워드를 보유하고 있어 보는 재미가 있다. 커피의 맛과 품질에 대한 평가나 직원들의 친절도 평가를 제외하고도 '대화하기 좋아요', '좌석이 편해요', '화장실이 깨끗해요', '사진이 잘 나와요' 등의 항목까지 있다. 이런 항목을 선택한 고객들이 꽤 많고, 나도 카페에 방문할 때 눈여겨보는 부분인 것을 보면, 고객은 생각보다 더 세심한 부분까지 고려한다는 것을 알 수 있다.

고객이 즉각적으로 반응하는 것은 '편의성'이다

서비스에 대해 이야기할 때, 빠지지 않는 예시가 시장과 백화점의 비교이다. 항상 같은 온도를 유지해주는 냉장고 속 오색빛깔 종이 포장지 안에 새초롬하게 들어앉은 과일과 시장 내 좌판대 위에 쓰러지지 않을 만큼 잔뜩 쌓여 있는 과일, 화려한 조명이 빛나는 쇼케이스 안에 진열된 가방과 무슨 가방인지 잘 보이지 않을 정도로 옷걸이에 줄줄이 걸린 가방, 지나갈 때 내 코트에 스치지나 않을까 걱정하게 되는 생선가게의 생선과 비린내도 나지 않을 것같이 꽃과 함께 포장되어 나가는 생선들. 같은 상품이라고 해도 백화점에 진열된 상품들은 무언가 더 좋아 보이고, 비싸 보인다.

이렇게 구매욕을 자극하는 상품들 때문이 아니더라도, 우리가 백화점을 찾는 결정적인 이유가 하나 더 있다. 바로 편의성 때문이다. 나만 해도 백화점은 꼭 물건을 사기 위해서가 아니라, 여러 가지 편의, 서비스를 즐기기 위해 찾는 곳으로 인식하고 있다. 주차타워나 길옆에 주차해야 하는 시장과 달리 백화점은 지하 5층까지 뚫린 넓고 쾌적한 주차장이 있다. 그리고 여름에는 시원한 에어컨이 나오고, 겨울에는 따뜻한 히터가 나와서 땀을 흘리거나 두꺼운 외투를 입지 않고도 쾌적하게 쇼핑을 할 수 있다. 눈치 볼 것 없이 원하는 스타일의 옷들을 구경하기 좋고, 음식들도 한 곳에서 여러 가지 접할 수 있으며, 아이나 노인이 이용하기에도 적합한 시설 등 장점이 무수히 많다. 많은 사람들이 백화점을 찾는 주된 이유, 우리는 바로 그 '편의성'을 닮아야 한다. 그리고 그 속에서 발생하는 컴플레인의 원인에도 집중해야 한다.

이제는 병원도 고급스러운 인테리어나 값비싼 최신 장비를 구비하는 것에 많은 노력을 쏟고 있다. 보이는 것이 그만큼 중요하고, 이것이 환자의 유입에 지대한 영향을 미친다는 것을 알고 있기 때문이다. 그렇지만 이렇게 리모델링을 하고, 유행하는 소파에, 멋진 작품을 걸면서 미처 간과하고 있는 부분이 있다. 바로 이 편의성이다.

서울에 위치한 한 병원은 올해 새로 신관을 내었다. 오래전에 지어진 본관은 좁아서 많은 환자들을 수용하기에는 무리가 있었다. 가까운 곳에 신관을 증축해서 대기시간을 줄이고 환자의 진료에 좀 더 집중하고자 했던 것이다.

신관은 새로 생긴 건물인 만큼 매우 깨끗하고 반짝반짝했다. 인테리어 콘셉트에 맞춰 눈처럼 새하얗게 칠해진 벽에 명화 몇 점이 나오는 TV를 달아 더 근사해 보였다. 대기실 한 가운데에는 미술작품도 자리 잡고 있어 마치 갤러리에 온 것 같이 느껴졌고, 시계와 공기청정기도 모두 인테리어에 녹아들어 멋진 소품이 되었다. 아직 본관만큼 많은 환자가 오는 것은 아니었지만, 본관에서도 신관 안내를 시작하여 몇몇 환자들은 신관으로 내원했다. 본관과 신관의 구분에 대해서는 전혀 알지 못한 채 단순히 지나가다가 간판을 보고 오는 환자들도 있었다.

나는 MOT 접점 평가를 위해 주의를 기울이고 있었는데, 그러다 보니 자연스럽게 환자들이 하는 문의에 대해서도 신경을 쓸 수밖에 없었다. 진료에 대한 안내나, 약도에 대한 안내를 어떻게 하고 있는지 확인하기 위해 관찰하고 있는데, 환자들이 가장 많이 하는 질문은 놀랍게도 "화장실이 어디에요?" 내지는 "와이파이 비번이 뭐예요?" 등 병원 이용에 대한 아주 기본적인 문의였다. 그렇다. 새로 지어진 병원에는 환자의 편의시설 이용에 대한 안내문이 전혀 없었고, 환자들은 필요한 정보를 모두 물어보면서 해결해야 했던 것이다. 신관의 화장실은 바깥 복도에 있었는데, '화장실은 밖으로 나가서 오른쪽에 있습니다.'와 같이 환자가 어렵지 않게 찾을 수 있도록 정확하고 쉬운 안내가 필요했다.

병원에서 주로 환자가 궁금한 것은 '내가 하게 될 시술'이다. 어떤 과정으로 진행되는지, 아프지는 않은지, 주의사항은 뭐가 있는지, 금액은 어떻게 되는지 궁금한 게 당연하다. 물론 명화를 걸어두어 환자들의 심신을 안정시키는 것 또한 중요하다. 하지만 진료 관련 안내나 시설 이용 안내가 기본적으로 되어 있는 상황에서 그런 것들이 눈에 들어오는 법이다. 지금 당장 내 몸이 불편하고, 그 해결법에 대해 명확히 안내되지 않은 상태에서 명화가 눈에 들어올 리 만무하다.

신관을 방문한 환자들은 TV에 나오는 시술 안내를 제대로 읽으려고 보다가 계속 화면이 바뀌어버리니 포기하고 시선을 다른 곳으로 돌려버렸다. 간혹 대기실에 앉아 있는 나를 환자로 알고 질문을 하기도 했다.

비단 이곳만의 문제는 아니다. 생각보다 이런 오류는 많이 발견된다. 우리들의 병원은 어떨까? 우리 병원에도 환자를 고민하게 만드는, 환자가 직접 찾아야만 하는 정보들이 뿔뿔이 흩어져 있거나, 심지어 미처 신경을 쓰지 못한 부분이 있을 수 있다. 덕지덕지 붙어 있는 안내문이 보기 싫어서 좀 불편하더라도 인테리어를 해치지 않는 선에서 해결하고 싶을지도 모른다. 그렇다면 그냥 안내문을 떼버리는 것이 아니라 어떻게 하면 환자가 잘 볼 수 있게 배치할지를 고민하고 만들어야 한다. 중요한 것은 인테리어가 아니라 명확한 정보를 편리하게 제공할 방법을 찾는 것이다. 환자가 질문하기 전에 먼저 안내를 하는 것, 환자가 찾기 전에 먼저 전달하는 것. 그것이 진짜 서비스다.

내가 근무하는 병원은 환자가 진료실에서 상담실로 이동할 때, 상담실에서 앉아야 할 자리를 혼동하는 경우가 종종 있었다. 보통 병원의 상담실은 주로 밖이 보이는 곳에 상담자가 앉고, 밖이 보이지 않는, 즉 원장님이나 진료 프로모션에 관련된 자료가 보이는 곳에 환자가 앉게 된다.

그런데 공간이 좁아서 그런지 환자들이 먼저 상담실로 들어가면서 문 앞에 위치한 환자 석에 앉지 않고, 안쪽으로 깊이 들어가 앉는 경우가 많았다. 나는 '어떻게 하면 환자들이 혼동하지 않고, 바깥쪽 의자에 앉게 할 수 있을까?'를 고민했고, 보기 좋은 크기로 '↓ 여기에 잠시 앉아 계시면, 곧 상담을 도와드리겠습니다.'라는 안내문을 만들어 상담실 테이블 유리 아래 넣어놓았다. 이후 직관적으로 보이는 안내문에 환자들은 고민하지 않고 자연스럽게 환자 석에 앉을 수 있게 되었다.

쉬운 서비스가 좋은 서비스다

서비스를 받을 때, 환자가 고민을 하게 된다거나, 우리의 의도대로 받아들이지 못한다면 그건 어려운 서비스인 것이다. 어려운 서비스는 좋은 서비스가 될 수 없다. 쉽게 써놓은 와이파이 비밀번호가 환자가 찾기 어려운 곳에 위치하고 있다면, 쉽게 찾을 수 있는 곳으로 위치를 옮겨야 한다. 혹은 와이파이 비밀번호가 영문과 숫자의 혼용으로 한 눈에 알아보기 어렵고 환자들이 다시 문의하는 일이 잦다면, 보기 쉽게 바꿔 표기하는 것도 방법이 될 수 있다. 실제로 내가 가는 미용실의 와이파이가 길고 복잡한 영문과 숫자였다. 그런데 이것을 영문은 빨간색으로, 숫자는 검정색으로 구분해서 표기해놓아 한눈에 이해할 수 있게 배려한 디테일에 감탄한 적이 있다. 이게 바로 우리가 놓치는 고객 만족이다.

우리가 할 일은 그리 어려운 것이 아니다. 화장실 안내문 같은 작은 문구 하나도 환자의 입장에서 만들자. 우리의 작은 배려가 환자에게 큰 감동을 줄 것이다.

가장 좋은 자료는 환자가 보기에 좋은 자료이다

병원에 근무하면 자연스레 '만들기 스킬'이 향상되는 것 같습니다. 그만큼 각종 안내문과 시각화자료를 제작할 상황이 많이 생긴다는 얘기인데요. 환자를 위한 자료를 가장 잘 만들 수 있는 사람은 누구일까요? 바로 환자입니다. 간혹 환자들이 우리에게 팁을 주는 경우가 있죠.

"선생님, 이건 좀 더 크게 써놓으면 좋을 것 같아요. 잘 안 보여요."

환자이기 때문에 할 수 있는 정확한 지적이죠.

그래서 환자가 편해지는 병원 자료 만들기의 핵심은 뭐다?

환자의 동선에서 확인하고, 환자의 상황에 빙의하여 체크하는 것! 이렇게 해보면 책상에 앉아서 만든 자료보다 분명 더 좋은 자료가 탄생할 수 있습니다. 지금 바로 환자 대기실에 앉아보세요. 내가 어제 공들여 만든 자료들이 눈에 잘 띄는지, 우리가 강조하고 싶은 이벤트가 제대로 보이는지 말이에요. 시선을 옮기고 발걸음을 떼는 것만으로도 충분히 더 좋게 변화할 수 있을 겁니다.

5.

전화 한 통화로
고객의 마음을 사로잡아라

예약 시스템, 고객들은 여전히 전화를 찾는다

머리가 너무 길어 다듬을 때가 됐다. 미용실을 알아보기 위해 검색을 한다. 여러 가지 후기도 읽어보고, 우리 집과 가까운지 거리도 가늠해본다. 친구들에게도 어디가 좋은지 물어본다. 주변 탐색까지 완료하고 선택한 미용실에 예약을 한다.

요즘은 무엇을 하든, 예약을 하고 찾아가는 시스템이다. 식사를 하거나, 머리를 자르거나, 심지어 물건을 사러 갈 때에도 미리 예약을 하고 간다. 예약 없이 무작정 찾아갔다가 이미 꽉 찬 예약 손님들에 밀려 소득 없이 되돌아가야 하는 경우도 생긴다. 이 경험을 몇 번 하게 되면 다음 엔 꼭 예약을 해야겠다는 생각을 할 수밖에 없다. 예약은 보통 어떻게 할까? 가장 쉬운 방법은 역시 전화이다. 요즘은 홈페이지나 어플, 포털 사이트를 통해서도 예약을 하지만, 급할 때 찾게 되는 것은 여전히 전화번호이다. 병원에 환자가 내원할 때에도 마찬가지이다. 홈페이지도 충분히 둘러보고, 운영하는 채널이 있다면 채널을 구독해보기도 하고, 주변의 소문에도 귀를 기울이지만 결국 가장 궁금한 내용은 고이고이 모아두었다가 우리 병원에 전화를 건다. 그리고 여러 가지 질문을 통해 만족스러운 대답을 늘었을 때 환자는 말한다.

"예약해주세요."

전화만 잘 받아도 기업의 이미지가 달라진다

전화응대는 환자가 우리 병원을 내원하기 전 우리 병원을 가장 먼저 경험할 수 있는 접점이 되기 때문에 매우 중요하다. 주로 데스크에서 하는 업무는 누구나 할 수 있는 '쉬운 일'이라고 생각하는 경우가 많다. 하지만 실제로 생각해보면 그 '쉽다는' 업무를 정말 잘하는 사람을 찾기는 어렵다. 바로 이 전화 업무가 대표적이다. 전화를 받을 수는 있지만, 전화응대를 잘하는 것은 쉽지 않다. 하지만 분명 누군가는 전화 한 통화로 고객의 마음을 사로잡고 있을 것이다. 어떻게 하면 유선상 응대를 잘 할 수 있을까? 그 비결을 함께 알아보자.

누구나 각 통신사에 문의 전화 한 번쯤 해본 경험이 있을 것이다. 규모가 큰 회사들이라면 모두 자동응답시스템을 갖추고 있고, 번호를 눌러 원하는 부서로 연결하게끔 되어 있기 때문에 녹음된 목소리가 너무 로봇같이 부자연스럽거나, 듣기 좋은 톤이 아니면 상당히 오랫동안 곤욕스러운 시간을 보내게 된다. 그런데 이 뻔하고 지겨운 자동응답시스템도 잘하면 다르다는 것을 가르쳐준 기업의 이야기를 하려고 한다.

내가 이사를 한 지 얼마 안 되어 TV요금제를 알아보던 중이었다. 인터넷 결합상품이 저렴하다는 이야기를 듣고 가입을 하게 되었는데, 집에 있는 시간이 많지 않다 보니 설치일 등을 조율하느라 고객센터로 연락할 일이 생겼다. 대표번호로 전화를 걸었을 때 나는 정말 깜짝 놀랐다. 아니, 자동응답기 목소리가 이렇게 예쁘고 상냥할 수가 있나? 심지어 부드럽고 감정이 느껴지는 억양에, 자동응답기를 듣고 사람이 하는 응대보다 낫다는 생각을 한 것은 처음이었다.

보통 이런 상황이 생기면 강사들은 좋은 이야깃거리가 생겨 적어두곤 한다. 하지만 나는 그 당시 서비스 강의를 진행하지 않고 있을 때라, 누구에게 이야기할 일이 없음에도 불구하고 이 기업의 자동응답기 기억이 너무 강렬해서, 나의 기억을 확인하듯 몇 번 더 고객센터로 전화를 걸어 내 생각이 틀리지 않았음을 확인하고 감탄하고를 반복했다. 이 흔한 서비스를 위해 이 기업은 얼마나 많은 시행착오를 겪었을까? 얼마나 많은

환자가 몰리는 병원은 서비스가 다르다

테스트를 했을까? 누가 이 목소리를 골랐을까? 임원진들이 선택할 것일까? 다른 곳은 왜 이런 중요한 서비스에 이렇게 공들이지 않을까? 수많은 생각이 들었고, 그때부터 내 머릿속에서 그 기업은 '서비스에 투자하는 기업'이 되었다.

하이톤을 유지하고, 말투는 상냥하게, 다나까체를 사용하여 정중하게 응대하는 것만이 고객을 만족시키는 방법은 아니다. 기본적인 매너와 상냥한 목소리만 가지고도 환자를 만족시킬 수 있다. 실제로 병원 백 곳에 전화를 한다고 하면, 상냥하고 기분 좋은 억양으로 전화를 받는 직원은 이십 퍼센트 정도에 불과하다. 환자를 대하는 직업을 가지고도 기본적인 매너를 갖추지 못한 직원들이 많다는 것이, 서비스 강의를 하는 사람으로서 참으로 속상한 일이지만 이것이 현실이다. 기본이 가장 중요하다. 기본부터 철저히 익혀보자.

환자를 우리 병원으로 오게 하는 전화응대의 핵심은?

갑자기 이가 아파 치과를 알아보고 있는 고령의 환자 C씨는 L병원으로 전화를 건다. 전화를 받은 직원이 묻는다.

"어디가 불편하세요?"

환자가 어떻게 이야기해야 할지 몰라 조심스럽게 대답한다.

"어금니가 아픈데요, 잇몸이 아픈 것 같기도 하고 이가 아픈 것 같기도 해요. 이가 흔들리는 느낌도 들고요."

그러자 직원이 대답한다.

"네, 그럼 내일 3시 괜찮으세요? 내일 3시에 오시면 기다리지 않고 보실 수 있으십니다. 그럼 그때로 예약해드릴게요. 내일 뵙겠습니다."

직원은 친절하게 예약한 시간에 오면 바로 볼 수 있다고 안내했다. 환자는 이 응대를 마냥 기분 좋게 받아들였을까? 그렇지 않다. 환자는 친절한 응대를 받았지만, 아픔을 공감 받지 못했고, 병원에 대한 신뢰나 정보를 전혀 공유하지 못했다. 만약 환자에게 좀 더 관심을 표현했다면 어땠을까?

"환자분 어디가 불편하세요?"

"어금니가 아픈데요, 잇몸이 아픈 것 같기도 하고 이가 아픈 것 같기도 해요. 이가 흔들리는 느낌도 들고요."

"에고, 많이 힘드셨겠어요. 어금니가 아프면 음식을 잘 씹지도 못하셨을 텐데, 식사는 어떻게 하고 계세요?"

"네, 그래서 맨날 밥을 끓여서 먹고 있어요, 김치 같은 건 이쪽으로 씹지도 못하고요."

"언제부터 불편하셨어요?"

"오래됐는데 시간이 없어서 병원을 제때 못 갔지요. 여기 이 이를 원래 예전에 치료했었는데 그때도 고생 많이 해서 살렸거든요. 괜찮다가 몇 년 전부터 한 번씩 이렇게 아프고 그래요."

"아, 그러셨군요. 잘 씹으실 수 있도록 신경 써서 치료해드릴게요. 먼저 오셔서 진단을 받아보셔야 하는데 내일 오후 3시도 괜찮으실까요?"

차이점이 느껴지는가? 같은 내일 3시 예약 안내라도 훨씬 다르게 받아들여진다. 충분히 환자의 상태에 공감하고 질문하고 관심을 가진 다음 안내한다면 꼼꼼하게 체크하는 우리 병원을 신뢰하고 찾아오게 된다. 우리가 보인 관심과 질문에 환자는 자신의 정보를 우리에게 내어준다. 그럼 우리 병원은 이미 환자가 자의적으로 정보를 제공한 병원이 되는 것이다. 당신이라면 어떤 직원이 있는 병원을 가겠는가?

물론 전화응대를 잘 한다고 무조건 좋은 병원이라는 말은 아니다. 하지만 전화응대 하나로 병원의 수준을 짐작할 수는 있다. 훌륭한 전화 서비스를 제공받은 환자는, 한 번도 만나지 못한 의사가 진료를 잘할 것처럼 느낄 수 있고, 한 번도 온 적 없었던 우리 병원을 무섭지 않을 것 같다고 느낄 수도 있다. 훌륭한 전화 서비스를 제공받은 환자는, 한 번도 만나지 못한 의사가 진료를 잘할 것처럼 느낄 수 있고, 한 번도 온 적 없었던 우리 병원을 무섭지 않을 것 같다고 느낄 수도 있다. 환자들의 머릿속에 '환자를 위해 전화 서비스까지 신경 쓰는 병원'으로 남고 싶지 않은가? 수많은 병원들 중 특별한 병원이 되고 싶다면, 전화응대부터 공들여 보자. 환자의 내원율은 물론, 환자의 마음까지 얻을 수 있다.

6.

환자가 떠나는 데는
이유가 있다

이별을 하더라도 이유를 알고 이별하라

요즘 밸런스 게임이 대세다. 밸런스 게임이란 극단적인 2가지 선택지 중에서 무조건 하나를 선택해야 하는 게임인데, 여러 가지 주제별로 즐길 수 있어서 누구와 함께라도 재미있게 즐길 수 있다. 그 중 인기 있는 주제인 '연애'와 관련된 밸런스 게임 질문지 중에 '잠수이별'과 '환승이별' 중에 뭐가 더 최악이냐는 질문이 이슈다. '잠수이별'이란, 사람이 오래도록 자취를 감추고 연락을 끊는다는 뜻인 '잠수를 타다'와 헤어짐을 뜻하는 '이별'의 합성어로, 남녀가 사랑을 하다가 이별을 하는 상황에서 한쪽의 일방적인 연락 두절로 헤어지는 것을 뜻하고, '환승이별'이란 갈아탄다는 뜻의 '환승'과 '이별'의 합성어로 대중교통을 갈아타듯이 다른 사람으로 갈아탄다. 헤어지기 전에 이미 갈아탈 사람을 준비하고 이별을 고한다는 의미이다. 밸런스 게임에서는 이렇게 이별 상황 2가지를 제시하고 둘 중 하나를 선택해야만 한다. 이 2가지 중에 더 많은 사람들이 최악이라고 꼽는 것은 바로 이 '잠수이별'이란다. 그 이유는 뭘 잘못했는지도 모른 채 헤어지는 것이 너무 답답하고 억울해서라고.

　나도 이런 경험을 한 적이 있다. 그 남자는 한동안 내 연락을 받지 않았고, 나는 미친 듯이 연락을 하며 기다렸다. 처음에는 걱정을 했고, 그 다음엔 화를 냈다. 그러다 다시 걱정하기를 반복하면서 혹시나 그 사람에게 무슨 일이 생겼을지도 모른다는 생각에 하염없이 기다렸다. 그리고 결국 그게 이별이 되어 다시는 만나지 못하는 사이가 되었다.

　잠수이별이 가장 최악이라고 선택한 많은 사람들이 이야기하듯, 나 또한 이별을 하게 된 이유가 너무 궁금하고 답답했다. 그 사람과 내가 헤어지기 얼마 전에 그 사람의 고향 집을 함께 다녀왔는데, 그때 내가 너무 농사일을 모르는 마냥 서울내기여서 그쪽 부모님이 탐탁지 않게 여기셨던 건지, 사투리를 전혀 못 알아들어서 의사소통이 전혀 안 되어서 마음에 안 들었던 건지, 다른 여자가 생긴 건지, 예전에 헤어졌다는 여자와 완전히 헤어졌던 게 아닌 건지, 이런저런 이유를 생각해봐도 도저히 알 수 없었다. 분명 돌아오는 차 안에서는 아무 일도 없었던 것 같은데 나는 헤어진 이유를 전혀 알지 못한 채 매우 찜찜하고도 기분 나쁜 이별을 했다.

환자가 떠나는 진짜 이유를 찾아라

환자와 나의 사이도 어딘가 모르게 이와 비슷한 구석이 있다. 정말 깊은 신뢰와 함께 우리 병원의 단골 환자로 생각했는데 아무리 연락을 해도 받지 않고, 계속되는 내 전화에 '나중에 연락 바랍니다.'라든지 '곧 연락드리겠습니다.'라는 무심한 문자만 남긴 채 결국 돌아오지 않는 것이다.

환자가 병원을 이탈하는 것은 어쨌든 분명한 이유가 있다. 남녀 간의 사이처럼 알 수 없는 감정 때문일 리도 없고, 우리 병원이 지겨워져서 떠났을 리도 만무하다. 환자가 다시 돌아오지 않는 데에는 분명한 이유, 즉 '불만'이 있었을 것이다.

그렇다면 그 구체적인 이유는 무엇일까? 이것은 한 가지 이유로 단정지을 수 없다. 여기에서 중요한 것은 '진짜 이유를 찾는 노력'이다. 우리 병원에서 진료를 받은 환자들 모두가 평생 우리 병원만 다니는 것을 기대할 수는 없다. 중간에 이사를 간 환자도 있을 수 있고, 정말 바쁜 업무 때문에 치료받을 여유가 없을 수도 있다.

하지만 환자가 오지 않는다고 몇 번의 리콜만으로 포기하는 것은 마치 잠수이별을 당한 것처럼 너무 억울하지 않은가? 환자가 처음 온 그 순간부터 분명 진심을 다해 응대하고, 정성을 다했을 것이다. 그 환자에게 가장 좋은 치료 계획을 세우고 관리 방법을 알려주고, 성심성의껏 안내해주었다. 게다가 지금 바로 치료하지 않으면 얼마나 고생할지, 어떤 문제가 생길지 눈에 뻔히 보이는데 연락을 받지 않으면 걱정이 될 수밖에 없다.

이렇게 내 소중한 환자가 이유도 알려주지 않은 채 떠났다면 우리는 어떻게 해야 할까? 일단 환자와 연락을 시도한다. 가능하다면 환자의 솔직한 이야기를 듣는 것이 가장 빠른 방법이다. 바빠서 약속 시간을 잡기 어렵다고 회피하며 빨리 통화를 끊기 원하는 환자에게도, 나는 정중히 묻는다. "혹시 지금은 치료받을 의향이 없으신 건가요?"라고. 그럼 환자도 무언가 답변을 준다. 그러면서 환자의 진짜 마음을 듣는 것이다. 일단 대화를 시도하면, 그때부터 환자의 진짜 의도를 아는 것은 어렵지 않다.

'이 사람은 이런 이유로 인해 우리 병원에 오지 않는다.'라고 확언하는 것까지는 어렵다고 해도, 대화를 나눈 사람만큼은 짐작이라는 것을 할 수가 있게 되고, 그런 센스정도는 있어줘야 한다. 얘기를 듣다 보면 분명 떠오르는 일이 있을 것이고, 머릿속 상상으로 문제가 발생한 그때 그 시점으로 다시 돌아가보는 것이다. 우리의 문제는 현장에 있다고 하지 않았는가? 다시 돌아가서 어떤 것이 환자를 불편하게 했을지 여러 방면으로 생각해보고, 다른 응대 방법도 탐구해보아야 한다.

환자와의 라포 형성은 중요한 단서가 된다

무조건 지금까지의 응대 방법이 잘못되었으니 환자 응대 방법을 바꾸라는 의미가 아니다. 그렇게 환자와의 상황을 탐구해보면서 우리는 여러 유형의 환자 응대 요령을 알 수 있고, 의외의 부족했던 부분을 볼 수 있다. 만약 환자와 대화가 어려운 상황이라면, 그 환자의 이탈 원인을 유추해보는 노력이 필요하다. 이때 환자가 우리 병원에 주었던 정보를 이용해볼 수 있는데, 이탈 환자들은 대부분 이러한 정보들이 많이 없을 확률이 높다. 그것이 환자와의 충분한 라포 형성이 얼마나 중요한가에 대한 반증이다.

라포(rapport)는 친밀도를 뜻하는 프랑스어로, 공감적인 관계를 일컫는 말이다. 이는 환자와 교감을 나누며 쌓이게 되는데 환자와의 접점이 없다면 환자와의 라포 형성을 기대하기도 어렵다. 이탈 환자의 직장이 어디인지, 평소 치료에 대한 공포감은 어느 정도 가지고 있는지, 치료 계획에 대한 만족도는 어느 정도인지, 치료에 대한 기대감은 얼마나 있었는지를 알고 있을 때와 모를 때의 이탈 원인 분석은 가능과 불가능의 수준이라고 보아도 과언이 아니다.

우리는 항상 떠난 환자를 아쉬워할 줄 알아야 한다. 그리고 그 바탕에는 환자에 대한 애정이 깔려 있어야 한다. '아, 삼백만 원짜리 환자가 떠났네.'가 아니라 '우리 병원에서 치료받았다면 정말 잘 케어해드릴 수 있었을 텐데.'라는 아쉬운 마음이 필요한 것이다. 그런 마음가짐이야말로 다른 환자를 놓치지 않는 힘이 되고, 또 다른 이탈 환자를 막는 비결이 된다.

이탈하는 환자를 막는 방법은 멀리 있지 않다. 환자에게 관심과 애정

환자가 몰리는 병원은 서비스가 다르다

을 갖고 매번 진료, 응대, 서비스하는 순간순간 지금 하고 있는 것이 가장 최선인지를 늘 생각하는 것이다. 진심으로 다가갈 때 환자도 진심으로 다가온다. 그렇게 쌓은 환자와의 유대감과 신뢰는 그 어느 것으로도 깰 수 없는 단단한 울타리가 될 것이다. 기본에 충실하자. 기본을 재점검하며 연구한다면 충성 고객이 되어 다시 되돌아올 것이다.

'떠나는 환자 리스트'로 환자를 붙잡아라.

떠나는 환자에 대한 이유를 알고 자신의 업무 스타일을 개선하고 싶다면 '나만의 노쇼 환자 리스트' 작성을 추천합니다. 물론 환자가 떠난 이유는 복합적일 수 있고 정확하지 않을 수 있습니다. 그렇기 때문에 이 리스트는 누군가에게 보고하기 위한 것이 아님을 인지하고, 솔직하게 작성되어야 합니다.

'2020년 ○월 ○○일, 환자가 am11:14, pm12:00, pm12:02 세 번의 부재중 전화를 남김. 약 2시간 뒤인 pm2:15 연락을 드렸으나 전화를 받지 않아 pm5:00 다시 연락드려 통화함. 환자는 "원래 오늘 내원하려고 했으나 병원과 통화가 어려워 다른 일정이 잡혔다."며 다음 주인 ○월 ○○일로 예약을 변경한 후 내원하지 않음. 워낙 바빠서 진료 시간을 중요시하는 분인데, 통화할 때 환자의 목소리가 안 좋았던 것으로 보아 기분이 언짢았던 것 같음.' 이런 식으로 내용을 작성하고, 추측하는 카테고리를 분류해놓는 겁니다. 계속해서 '전화 연결'에 대한 카테고리가 늘어난다면, 이 부분을 개선하고 보완할 수 있겠죠.

사실을 기반한 자신의 추측으로 편안하게 작성해보세요. 감정적 교류만큼 섬세하고 정확한 것도 없으니까요. 나만의 리스트로 아무에게도 드러내고 싶지 않은 나의 단점을 보완할 수 있고, 자기반성과 성찰의 시간과 껄끄럽지 않게 마주할 수 있습니다.

알고도 안 하는 것은 모르느니만 못합니다. 꼭 실천으로 옮겨봐야 한다는 것을 잊지 마세요!

Part.2

우리 병원엔
왜 이렇게 진상 고객이
많을까?

-

세상에
나쁜 고객은
없다

1.

고객을 연구하고
시스템을 점검하라

나는 어느새 서비스 서적을 출간한 작가로, 병원의 실장으로, 병원 컨설턴트로, 기업교육 강사로, 병원전문 강의기업의 대표로, 여러 분야를 경험한 전문가가 되었다. 그러다 보니 내게 이와 관련한 정보를 얻고 싶어하시는 분들이 고민을 털어놓으실 때가 있다. 궁금한 내용은 가지각색이고, 병원마다 다 다른 문제점들이 있고, 각기 다른 고충들이 있어 답변 또한 천차만별이다. 그렇지만 재미있는 점은 어떤 대답을 하더라도, 우리가 가져야 할 자세는 모두 같다는 것이다. 우리는 어쩔 수 없는 서비스인이기 때문이다.

시스템과 고객 만족 서비스는 함께 움직인다

　기본적인 서비스조차도 세팅되어 있지 않은 병원에 '고객 만족 서비스'를 구축할 때는 단계가 있다. 갑자기 '인사는 이렇게 해라, 말은 이런 식으로 하고, 행동은 이렇게 해라.'라고 교육한다고 해서 직원들이 새로운 사람이 된 것처럼 잘하기는 어렵다. 그런 경우 먼저 병원 내부 시스템을 대폭 수정해야 할 수도 있다. 시스템의 문제인데 자꾸만 사람을 고치려고 하면 오히려 반발심만 생기고 전혀 바뀌지 않을 수 있다. 기본적으로 시스템과 고객 만족 서비스는 함께 움직인다.

　예를 들어, 대기 환자에 대한 CS를 도입한다고 생각해보자. 환자들의 대기시간에 대한 컴플레인을 해소하고 체감 대기시간을 줄여 서비스 질을 높이고자 한다. 이 경우 먼저 우리 병원의 예약 시스템이 어떻게 되어 있는지 확인해보아야 한다. 그런 다음, 마치 테트리스 쌓듯이 진료에 대한 이해 없이 빈칸을 채우기만 한 예약을 진료 항목별, 예상 시간별, 담당 의사별로 분리해서 시스템을 구축한다. 처음에는 환자 수가 줄어든 것처럼 느낄 수 있고, 실제로 환자 수는 적게 잡히게 될지도 모른다. 하지만 근본적인 문제점은 개선할 수 있다. 무엇보다도 기존에 대기로 인한 컴플레인을 줄일 수 있는데, 컴플레인의 요인을 줄여나가는 것은 병원의 큰 리스크를 제거했다는 것이므로, 굉장히 값지고 의미 있는 일이다. 또한 프라이빗한 서비스를 기대했던 환자들의 만족도를 향상시킬 수 있기 때문에 장기적으로 좋은 효과를 낼 수 있다.

무에서 유를 창조하기란 쉬운 일이 아니다. 직원들에게 서비스 마인드를 고취시키고 서비스의 스킬을 교육할 수는 있지만, 당장 며칠 만에 효과를 볼 수는 없다. 시스템이 구축되지 않으면 서비스 마인드는 작심삼일이 되어 금세 시들해지기 마련이다. 안 하던 서비스를 하려니 당연히 불편하고, 자꾸만 원래대로 되돌아가게 되는 것이다. 처음에는 뭔가 될 것처럼 매출이 오르는듯하다가 다시 제자리걸음을 하기도 하고, 처음부터 매출이 떨어지는 경우도 있다. 이는 일시적인 현상이다. 시스템이 탄탄히 구축되고 그에 따른 서비스가 완전히 몸에 익숙해지기 전까지는 약간의 변동사항이 생길 수 있다. 간혹 서비스를 시행한 지 얼마 되지 않아 '하라는 대로 했는데 왜 환자 수가 줄었지? 매출도 그대로잖아?'라며 당장 눈에 보이는 효과가 없으니 중단하고 싶다는 이야기를 하는 병원도 있다. 하지만 우리 병원의 환자가 분산된 것일 뿐, 환자가 다른 곳으로 이탈된 것이 아니다. 우리의 업그레이드 된 서비스를 제공받은 기존의 환자들은 변화된 모습에 더욱 만족하며 병원의 충성 고객이 될 것이고, 이에 따라 소개 환자도 늘어날 것을 기대할 수 있다. 고객이 만족할 수 있는 서비스는 단기간으로 시행하는 것이 아니라, 지속적으로 제공해야 한다. 뒤에서도 다루게 되겠지만 짧은 시간 안에 많은 환자를 오게 하는 서비스는 결국 뜨내기 환자들을 위한 것일 뿐이다. 병원이 오래 제대로 된 경영을 하려면 오랜 시간을 투자하여 참고 기다리는 시간이 필요하다.

최고의 서비스를 위해서 또 한 가지 잊지 말아야 할 점은, 서비스는 일관되어야 한다는 점이다. 외부 환경인 하드웨어, 내부 환경인 소프트웨어, 병원 구성원들이 책임져야 할 휴먼웨어적인 부분 모두가 서비스 안에 포함되어 있고, 이 모든 것들이 같은 콘셉트, 방향성을 갖고 행해져야한다는 것을 기억해야 한다.

최고의 서비스를 위해 병원의 시스템을 점검하라

지금은 대다수의 병원들이 환자를 고객으로 생각하며 서비스에 열을 올리고 있지만, 예전에는 그렇지 않았다. 벌써 30여 년 전인 90년대 초반, 강남의 한 치과는 만연했던 의사 중심주의라는 사회 분위기를 뒤엎고, 고객 중심, 환자 중심을 표방하고 나섰다. 이 치과의 대표 원장은 "병원(hospital)의 영어 어원은 호텔(hotel)과 접대한다(host)라는 단어에서 비롯됐다."라고 말하며 병원에서도 서비스는 중요하다고 강조했다. 호텔처럼 병원 입구에 대리 기사를 채용하여 발레파킹을 해주는가 하면, VIP 고객에게는 스파 서비스를 대접했으며, 고객서비스와 직원 친절 교육을 전담하는 직원도 따로 두었다. 지금 생각해도 굉장히 센세이션한 서비스가 아닌가? 이때 만들어진 것이 바로 지금의 '병원 코디네이터'이다. 환자들의 입소문은 빠르게 퍼지게 되었고, 이 치과는 일취월장하게 된다.

병원에 서비스를 도입하고 코디네이터라는 새로운 직업을 만드는 이 치과는 바로 '예치과'이다. 예치과는 이후 전국에 프랜차이즈 병원을 만들어 같은 시스템을 도입했고, 당시 병원계를 떠들썩하게 만들었다. 이로 인해 치과는 다른 진료과목의 병원들에 비해, 환자 서비스가 굉장히 빠르게 발전하고 있는 곳 중 하나이다. 진료실 직원들도 진료만 하는 것이 아니라, 어느 정도의 서비스를 기본적으로 하게 된다. 스몰토크는 물론이고, 진료를 하면서도 세심하게 환자를 배려하는 멘트를 하는데, 예민한 구강 내를 진료하면서 환자가 놀라지 않도록 미리 대비하게 하는 "물입니다~." 혹은 "바람입니다~." 하는 안내가 그 예이다. 문제는 선배들을 보며 관습처럼 배운 이런 멘트들이, 정작 자신의 행동과 일치하지 않는 것을 인지하지 못하는 경우가 많다는 것이다. 앞서 언급한 "물입니다 ~.", "바람입니다~."와 같은 안내 멘트를 하는 이유는 환자가 놀라지 않노록 미리 대비하고, 환자가 오해하지 않게끔 정확한 정보를 전달하여 안심시키는 역할을 한다. 그런데 체어에 달린 모니터 화면에는 직원이 적어놓은 환자의 개인적 정보가 그대로 다 노출되어 있고, 옆에서는 서랍장 문을 세차게 쾅 닫는다거나, 뒤에서는 직원들의 잡담 소리와 슬리퍼 끄는 소리가 들린다면 어떨까? 분명 환자를 위해 한 멘트임에도 달갑게 들리지 않을 수 있다. 안 그래도 겁에 질려 있는 환자의 신경을 더욱 예민하게 만들어놓기도 한다. 이런 일관되지 못한 행동들에 환자들의 신뢰가 떨어지게 되고, 고객들은 점점 우리 병원과 멀어진다.

환자가 느끼기에 편안한 치과, 감염관리가 잘되고 있는 청결한 치과, 환자를 배려해주는 치과, 미리 설명을 잘 해주는 그런 치과로 보이려면 어떻게 행동해야 할지 생각해보면 우리가 했던 행동들이 어딘가 이치에 맞지 않았다는 것을 깨닫게 될 것이다.

이해하고 받아들이면 서비스 포인트가 보인다

위와 같은 문제들은 모두 고객의 입장에서 헤아리지 못해 생기는 문제들이다. '진심'으로 고객의 입장에서 생각해야 한다. 너무 뻔한 이야기 같지만, 사실 그게 정답이다.

몇 년 전, S병원에서 직원들의 소통에 대해 강의했던 적이 있다. 그 병원은 직원끼리 자주 마주치는 일이 많지 않아서 서먹서먹했고, 의사소통이 제대로 되지 않아 환자들이 혼선을 빚는 일이 비일비재했다. 나는 직원들끼리 각자의 성향을 이해하도록 하는 차원에서 'DISC 행동유형검사'를 실시하게 하였고, 평소 업무 처리에 있어서 왜 그런 행동을 하였는지 터놓고 이야기하며 서로의 다름을 인정하게 되었다.

함께 사는 가족도 다른데 하물며 서로 다른 환경 속에서 살다온 직원 간에 안 맞는 부분이 있는 것은 당연하다. 게다가 환자들은 우리와 합을 맞추기 위해 온 것도 아닌데 잘 맞는 것이 더 이상한 것 아니겠는가?

고객이 이해될 때까지 연구하라. '저 사람은 진상이니까, 이 사람은 이상하니까'라고 생각해서는 우리의 서비스를 끌어올릴 수 없다. 우리는 다 다른 사람들이고, 다 각자의 사정이 있다. 직원들끼리도 잘 모르면서, 가끔 한 번씩 잠깐 마주치는 환자의 모든 것을 다 안다고 생각하지 말라. 성급하게 단정짓고, 문제가 생기면 환자의 탓으로 돌리고, 모든 것을 정당화하려하는 것도 그만두자. 그 당시는 아무 탈 없이 넘어간 것 같지만,

결국 병원의 문제점은 발견하지 못하고 같은 실수를 반복하게 된다. 당연히 모든 사람을 이해할 수는 없다. 그렇지만 '그럴 수도 있겠구나.' 하며 최대한 이해하려고 노력하다 보면, 우리가 볼 수 없었던 우리 병원 서비스의 구멍을 찾을 수도 있다.

저 병원은 늘 좋은 환자들만 가는데, 우리 병원은 맨날 진상들만 오는 것 같다면 왜 그런 결과가 되었는지 다시 생각해보자. 우리가 어떤 서비스를 하고 있는지, 아니 그 전에 정말 제대로 서비스를 할 준비가 되어 있는지 다시 점검해봐야 할 때이다.

2.

사소한 배려가
환자를 끌어당긴다

모두가 행복해지는 마법, 배려를 습관으로 만들어라

내가 병원 근무 초창기부터 지금까지 습관처럼 해오고 있는 나만의 루틴을 공개한다. 바로 '나로 인해 웃게 만들기'이다. 방법은 무궁무진하다. 손을 내밀어 환자의 손을 잡아줄 수도 있고, 그저 내가 먼저 밝은 미소를 보여서 상대방도 웃게 만들 수도 있고, 스몰토크를 통해 상대방을 칭찬하거나 달라진 점을 찾아내어 대화를 이어나가는 것이다. 중요한 것은 실제로 나를 거쳐간 모든 사람이 한 번씩은 웃게 되었다는 것이다. 이 방법은 아주 오래 전 CS 강의 준비를 하면서 '고객에게 좋은 기억을 남기기

환자가 몰리는 병원은 서비스가 다르다

위해서는 어떻게 하는 것이 좋을까?' 고민 끝에 찾은 방법이 지금까지 이어져온 것이다. 상대와 나의 관계를 돈독히 하는 데에 큰 도움이 되었다.

누구에게는 아무것도 아닌 것일지라도 어떻게 의미를 부여하느냐에 따라 마음가짐이 달라지고, 그 결과도 달라진다. 환자는 '나를 웃게 하는 병원'에 다녀간 것이 되고, 편안한 병원이라는 기억을 가질 수 있다. 나도 환자를 웃게 하려는 맘으로 시작했지만, 어느새 병원에서 내가 가장 많이 웃는 사람이 되었고, 항상 웃으며 근무하는 스마일 직원이 되어 있었다. 내가 하는 사소한 서비스가 환자와 나를 모두 웃게 만드는 것이다.

미국의 교육학자이자 교수, 저술가이자 사랑의 가치를 강조한 강연 '러브클래스'의 강연자인 레오 버스카글리아는 "우리는 손길, 미소, 따뜻한 말 한마디, 경청하는 귀, 진솔한 칭찬, 사소한 애정 표현의 위력을 과소평가하기 일쑤지만, 이 모든 것은 인생을 180도 바꿔놓을 잠재력이 있다."라고 말한다. 어쩌면 그녀가 강조하는 것은 아주 사소한 것일 수도 있다. 하지만 그것들이 관계를 180도 바꿔놓을 잠재력이 있다는 것을 잊지 말아야 한다.

'나비효과(Butterfly Effect)'라고 들어본 적이 있는가? 미국의 기상학자인 에드워드 로렌즈(E. Lorentz)가 1961년 기상관측을 하다가 생각해낸 이 원리는 훗날 카오스 이론으로 발전해 여러 학문 연구에 쓰이고 있다. 브라질에 있는 나비의 날갯짓이 미국 텍사스에 토네이도를 발생시킬 수도 있다는 과학 이론으로, 작은 일이 연쇄적으로 영향을 미쳐 나중에는 예상치 못한 큰 결과를 가져온다는 의미이다.

버스카글리아가 말하는 손길과 미소는 마치 나비의 날개짓과 같다. 사소한 행동 하나로 인생까지 바꿔놓을 수 있다니 정말 놀랍지 않은가. 하지만 이런 믿기 어려운 일이 실제로 모든 일들에 적용되고 있다. 한 줄씩 써 내려갔던 일기로 책이 만들어지고 세계적인 작가가 된다거나, 어릴 적 누군가에게 들었던 말 한마디에 도저히 이뤄내기 어려웠던 자신의 꿈을 이루게 되었다거나 하는 주변의 이야기만 보아도 그러하다. 요즘은 참여 캠페인이나 변화를 도모하는 행사에도 이 '나비효과'라는 말을 많이 사용하고 있다. 우리의 일에도 '나비효과'를 적용할 수는 없을까?

기록을 통해 고객 만족을 극대화 시켜라

'나비효과'를 일으킬만한 우리들의 확실한 날갯짓은 바로 '기록'이다. 나는 기록을 굉장히 중요하게 생각해서, 실무 강의를 할 때는 이 기록을 꼭 언급하는 편이다. 차트는 환자와 병원을 연결해주는 보이지 않는 실과도 같다. 환자가 1층에서 한 이야기를 2층에서 또 질문하는 순간 병원에 대한 신뢰를 잃게 된다. 하지만 1층에서 한 이야기를 2층에서 알고 있다면, '순간 신뢰'는 급격히 올라간다. 환자와 신뢰를 쌓느냐, 잃느냐는 한 끗 차이이다. 그 신뢰를 위해 필요한 도구가 바로 '기록'이다.

이 도구를 잘 사용하는 병원과 그렇지 못한 병원은 고객 만족의 측면에서 상당한 차이가 난다. 즉, 서비스의 품질을 결정짓는 중요한 수단이

환자가 몰리는 병원은 서비스가 다르다

될 수 있다는 것인데, 이는 환자에 대한 배려와 직결되기 때문이다. 우리가 환자를 배려하려고 한다면, 반드시 환자의 정확한 정보를 기반으로 해야 한다. 기차를 타고 오후에 도착하는 환자에게 배려랍시고 아침 첫 시간을 예약해드릴 수는 없다. 멀리서 기차를 타고 오시는 환자라면 당연히 기록해놓아야 하고, 이는 모두 공유되어야 한다. 그래야 진료계획을 세우거나 예약을 잡을 때 그에 맞춰 일정을 잡을 수 있다.

환자의 정보는 환자가 우리 병원에 처음 내원했을 때 나누었던 대화, 상담했을 때 보여주었던 환자의 사진, 예약을 변경할 때 했던 통화 등에 무수히 많이 녹아들어 있다. 하지만 모두 너무나 사라지기 쉬운 것들이기 때문에 잊히지 않도록 잘 기억해야 한다. 이때 필요한 것이 '기록'이다. 나만 알고 마는 것이 아니라, 모든 직원이 함께 공유할 수 있도록 내용을 정리해두어야 바로 다음에 이어지는 접점에서 환자를 제대로 서비스할 수 있다.

요즘은 회의에 참여하지 못하는 회의 구성원들을 위해 메모를 공유하는 '협업 툴'까지 등장했다. 모두가 회의 내용을 공유하여, 중복과 누락을 막고 실행과제를 떠올릴 수 있게 하기 위함이다. 우리가 하는 업무에서의 기록도 이와 같은 의미로 중요하다.

우리가 환자에게 할 수 있는 배려는 무궁무진하다. 비 오는 날 환자를 위해 문 앞에 내놓은 우산꽂이, 대기실에 비치해놓은 휴대폰 충전기도 환자를 위한 배려이고, 환자가 받은 치료의 주의사항 문자를 보내는 것과 수술 환자에게 드리는 죽도 환자를 위한 배려이다. 배려를 하지 않는다고 해서 우리가 하는 서비스가 퇴색되는 것은 아니지만, 더 나은 서비스를 위해서는 필수적이다. 우리의 사소한 배려는 환자를 끌어당길 수 있는 힘이 있다.

환자를 끌어당기는 사소한 배려

· 환자가 목적지까지 자세히 찾아갈 수 있도록 안내한 약도

· 기호에 따라 마실 수 있게 준비한 위한 커피와 차

· 환자들이 이용하는 화장실에 비치된 아기 변기

· 어린이 환자를 위한 작은 선물

· 여성용품이 필요하면 벨을 눌러달라는 메모

· 추운 겨울 환자들을 위한 핫팩

· 각종 의료용품(구강용품, 보조기, 미용용품 등) 사용법이 그
려진 안내문

또 우리가 할 수 있는 환자를 위한 배려에는 어떤 것들이 있을까
요? 조금만 고민하면 환자는 우리 병원에 더욱 즐겁게 내원할 수
있습니다.

3.

그 키즈카페에는
왜 안마기가 있을까?

고객을 만족시킬 수 있는 방법은 무궁무진하다

몇 년 전, 임신 중인 나를 보러 지인이 집 근처에 놀러온 적이 있다. 지인은 아이와 함께 왔었기 때문에 어디에서 보면 좋을지 고민하다가 키즈카페로 향했다. 아이는 아이대로 놀게 하고, 우리는 우리끼리 그동안 못다 한 수다를 떨 생각이었다. 그렇게 키즈카페에서 즐거운 시간을 보내고 나오던 중, 나는 정말 깜짝 놀랐다. 한 편에 아이들의 아빠로 보이는 남성들이 일제히 누워서 부들부들 떨고 있는 게 아닌가? 아빠들이 누운 곳은 바로 안마기 위였다. 키즈카페에 안마기라니! 나는 충격적인 그 광경을 보고 웃음을 터뜨렸고, 나의 지인은 요즘은 아빠들을 위해 키즈카페에 이렇게 안마기를 설치해둔다는 이야기를 해주었다.

그 얘기를 듣고 나는 감탄하지 않을 수 없었다. 재미는 있지만 한 번으로 소비되는 서비스도 많은 것이 사실인데, 이건 고객의 입장에서도 너무나 반가운, 기발한 아이디어였던 것이다. 그곳이 안마기를 둔 최초의 키즈카페는 아니었지만 그 당시 몇 안 되는 곳들 중 하나였기 때문에, 실제로 그 키즈카페는 맘카페 등 인터넷상에서 입소문이 퍼져 대박이 났고, 주변의 다른 키즈카페들도 안마기를 들이기 시작했다.

고객들을 만족시키는 것은 여러 가지 측면에서 가능하다. 위에서 나온 안마기 같은 시설이나 장비 등은 하드웨어적인 측면임과 동시에, 고객의 상황과 입장을 고려한 복합적이고 심층적인 서비스이다. 키즈카페에 설치되는 장비라고 하면, 보통 아이들을 위한 놀이기구나 음식 판매를 위한 푸드 프로세서, 더 나아가서 아이들의 소비 욕구를 자극할 수 있을 만한 오락 기계, 아이스크림을 만드는 냉동고 정도를 생각해볼 수 있겠다. 하지만 안마기는 기본적인 틀을 벗어나 획기적인 발견인 것이다. 나는 이것이 판매 회사에서 영업을 한 것인지, 키즈카페에서 기획을 한 것인지는 알 수 없지만, 어떤 경우이건 상당히 많은 고려 후에 실행에 옮겨졌을 것이라고 생각한다.

키즈카페는 아이들이 주인공이다. 하지만 돈을 쓰는 사람은 부모다. 아이들은 어디든 놀거리만 있으면 신난다. 그런데 엄마는 아이들이 노는 동안 함께 온 사람들과 수다를 떨거나 아이들을 따라다니면서 케어를 한다. 주체적으로 잘 노는 아이들이라면 혼자 온 엄마는 할 일이 특별히 없다. 핸드폰을 보거나 책을 읽거나 취미생활 거리를 챙겨 와야 한다. 이때 안마기가 있다면? 주말에 쉬면서 안마도 받을 수 있고 아이도 놀게 할 수 있으니 일석이조이다. 특히 엄마들은 주로 또래 엄마들과 함께 와서 수다를 떨지만, 아빠들은 혼자 오는 경우가 많다. 평일 내내 일하느라 피곤에 절은 몸을 이끌고 찾은 키즈카페에 안마기가 있다면 세상 행복한 쉼터가 될 수 있다.

모든 게 아이들에게 맞춰진 세상에 어른을 위한 공간이 있다면, 경제권을 가진 부모의 선택은 뻔하다. 당연히 다시 이곳을 찾게 된다.

분야를 넘나드는 벤치마킹으로 서비스의 질을 향상시키자

지금이야 모든 서비스가 어느 분야에서나 너나 할 것 없이 앞다투어 발전하고 있지만, 몇 년 전까지만 해도 병원의 서비스는 한 발 늦다는 이야기를 많이 들었다. 서비스는 벤치마킹하는 것이 매우 중요하다. 괜한 자존심을 세워 '병원이 무슨 서비스야, 필요하면 알아서 오겠지.'라는 생각을 한다면 아예 서비스와는 담을 쌓고, 실력으로만 승부하는 경영을 하실 바란다. 각 분야의 특성을 고려하더라도, 배울 것이 있다면 배우고, 타 분야를 벤치마킹 하려는 노력이 필요하다. 그래야 '서비스라는 분야'의 질도 올라갈 수 있다.

환자가 몰리는 병원은 서비스가 다르다

요즘은 병원에도 안마기를 두는 곳이 많아졌다. 뿐만 아니라, 타과와의 코-워크(co-work)를 통한 의료 서비스를 하는 곳도 있고, 연말에는 환자들을 분류하여 선물을 보내는 등의 차등 서비스를 하기도 한다. 하지만 꼭 이렇게 무언가를 기획하거나, 큰 비용을 들이지 않더라도 고객 감동 서비스는 얼마든지 가능하다. 키즈카페의 안마기는, 고객을 연구하여 방문객들의 편의성을 최대한 이끌어낸 서비스이다. 그럼 환자의 편의성을 고려한 병원의 서비스는 어떤 것들이 있을까?

내가 모니터링을 진행했던 대학병원에서는 많은 인건비를 줄이기 위해 키오스크를 두지만, 키오스크만으로는 환사가 불편할 수 있기 때문에 키오스크 옆에 안내를 해주는 도우미 한 명씩을 두고 있었다. 이 또한 병원의 배려라고 할 수 있다. 환자가 이용하는 거울이 지저분하지 않게 잘 관리한다거나, 환자용 메이크업실에 드라이기를 두는 것, 휴대폰 충전기 등을 두어 환자의 편의성을 높이는 것 또한 환자가 병원을 이용하는 데 도움을 주는 요소들이다.

이런 하드웨어적인 모습 외에도 환자 예약프로그램이나 접수 프로그램 등 소프트웨어를 활용한 서비스가 있다. '똑닥'이라는 어플을 통해 접수를 하면 아이의 진료순서를 메시지로 받아볼 수 있다. 소아과의 경우 보통 예약이 아닌 선착순 진료이다 보니 시간을 잘못 맞춰 가면 1시간 이상 기다려야 하는 경우가 있다. 아이가 어리면 그 시간이 힘들고 지치게 된다. 병을 치료하러 가서 오히려 병을 얻어오는 기분도 든다. 그런데 이

어플을 통해 실시간으로 순서를 확인할 수 있으니 다른 볼일을 보고 시간 맞출 수 있어 편리하다.

서비스의 구축보다 더 중요한 것은 지속적인 관리

여기서 우리가 잊지 말아야 할 것이 있다. 서비스를 구축했다면 이 서비스가 원활하게 잘 돌아가는지 확인해야 한다는 것이다. 특히 장비나 기구, 재료 같은 경우 제대로 관리하지 않으면 오히려 컴플레인이 되거나 병원의 이미지를 깎는 주범이 되기도 한다.

내가 업무를 도왔던 병원에서도, 이러한 부분을 지적한 적이 여러 번 있었다. 예를 들어 환자의 편의를 위해 만든 메이크업실인데, 빗에 머리카락이 잔뜩 낀 채로 방치가 되어 있다거나, 환자들이 카페로 착각할 정도로 멋지게 만든 화장실에 정작 휴지가 없어 환자의 불편함을 야기시키는 상황 등이었다. 의외로 해당 병원들은 뻔히 보이는 이런 지적에 놀라곤 한다. 화려한 조명의 메이크업실에 갖가지 위생용품과 환자의 미용 도구들을 정성스럽게 준비하지만, 정작 고객의 눈에 가장 먼저 띄는 빗살 속 머리카락 뭉치는 보지 못하는 것이다.

모든 서비스는 그 시도만으로 충분히 박수 받을 일이다. 하지만 여기서 더 나아가 '고객 만족'이라는 결과물을 얻기 위해서는 발생 가능한 문제점을 항상 생각하고 미리 대비해야 한다. '그 키즈카페에는 왜 안마기가 있을까?'를 고민한다면 문제는 의외로 쉽게 풀린다. 우리 병원에 환자

층을 분석하고 그들이 무엇을 했을 때 만족할 수 있을지 생각해보자. 병원의 관점이 아닌 환자의 입장에서 생각했을 때 좋은 서비스가 만들어진다.

4.

직원이 편해야
환자가 편하다

『갈등하는 번역』의 저자 윤영삼은 2003년부터 출판번역 프리랜서로 인문서, 과학서 등 40여 권의 책을 번역했다. 그는 한 인터뷰에서, "번역은 '목적성'에 초점을 맞춰야 한다. 왜 번역을 하려고 하는지를 잊으면 독자와 소통할 수 없기 때문이다."라고 말했다. 나는 번역의 '번' 자도 알지 못하는 사람이지만, 그의 말이 오래도록 마음에 와닿았다. 서비스 또한 이와 같다는 생각이 들었기 때문이다.

누구를 위한 서비스인가?

'우리는 누구를 위해 서비스하는가?'를 잊으면 고객과 소통할 수 없다. 내가 근무했던 컨설팅 회사에서 P병원에 컨설팅을 갔을 때였다. 그 병원은 규모도 컸고 직원도 많은 병원이었지만, 그것을 감안한다고 해도 너무 정신이 없었다. 불친절한 것은 아니었지만 전체적으로 어수선한 분위기 때문인지 환자에게 고래고래 소리를 지르듯이 응대하는 일이 비일비재했고, 몇 번이나 되묻는 일도 허다했다. '병원의 TV 소리가 너무 큰 탓일까?', '대기실에 환자가 너무 가까이에 있어서 그런 것일까?' 단순히 현실적인 많은 부분을 감안하고 보아도 직원들은 너무나 정신이 없고 예민해 보였다. 왜 그랬을까?

이 병원은 모든 직원들이 귀에 이어폰을 꽂고 직원들끼리 소통하는 시스템이었다. 층을 나눠서 사용할 정도로 규모도 워낙 크고, 직원의 수도 많았기 때문에 여러 가지 상황을 고려했을 때 무전기는 꼭 필요한 소통 수단이었다. 그런데 문제는 직원들이 무전기를 왜, 어떻게 사용해야 하는지도 제대로 알지 못한 채, 다들 자신들의 방법대로 사용하고 있다는 점이었다.

P병원은 시장 근처에 위치하고 있어 드나드는 환자가 많았고, 의사도 여러 명이라 신경 써야 할 부분도 많았다. 그런데 진료실 직원들은 제대로 된 차팅도 없이 무작정 데스크를 상대로 그 많은 환자 진료 내용을 줄줄이 읊고 있었다. 특히 데스크, 접수 공간은 환자를 처음 맞이하는 곳이

다. 내원한 환자들을 반가운 미소와 함께 맞이하고, 진료가 끝난 후에는 불편함 없는 진료를 받았는지 확인하며 예약과 함께 진료 후 안내도 해야 한다. 게다가 병원으로 걸려온 전화를 받아야 하고, 근무 중에는 환자의 문의 사항에 대한 응대도 해야 하고, 예약 없이 내원한 환자에게 진료예상 대기시간도 확인하고 알려주어야 한다. 이런 상황에서 진료실 직원들은 진료 후 전달 사항을 기록하지 않고, 데스크 직원에게 무전기로 상황을 읊고 있는 것이 아닌가? 데스크 직원들은 수많은 업무를 하면서 무전에도 집중해야 하는 상황이었다. 그러다 보니 환자와 대화하느라 무전을 놓치고, 무전을 듣느라 환자 응대가 제대로 이루어지지 않는 일이 비일비재했다. 무전을 제대로 듣지 못해 실수도 잦았다. 이런 상황에서 왜 무전을 제대로 듣지 못하고 실수를 하냐며 혼나기까지 하니, 직원들은 환자 응대보다 무전에 더 신경을 곤두세울 수밖에! 환자를 위한 좋은 소통 수단이 오히려 환자 응대의 걸림돌이 되어버린 것이다.

문제가 생길 수밖에 없는 시스템은 직원과 환자를 모두 떠나게 한다

이것이 과연 직원들의 탓일까? 실질적으로 고객을 응대했던 사람들은 알 수 있을 것이다. 결코 이 병원의 직원들만을 나무랄 수는 없다는 것을 말이다. 직원들은 각자의 상황에서 실수하지 않기 위해 나름의 노력을 했지만, 그 노력은 결국 병원의 혼선을 부를 수밖에 없었고, 그 피해는 고스란히 환자에게 돌아갔다. 뭐가 문제였을까?

환자가 몰리는 병원은 서비스가 다르다

간혹 각자의 업무를 처리하느라 환자와의 소통을 소홀히 할 수밖에 없는 병원이 있다. 그렇다면 그 병원은 환자에게 제대로 된 서비스를 제공할 수 있는 시스템을 가지고 있다고 볼 수 없다.

우리가 하는 일은 매일 정해져 있다. 물론 그 안에서 매일 새로운 사람을 만나고, 새로운 상황에 맞닥뜨리게 되지만 각자의 역할과 업무의 범위는 크게 벗어나지 않는다. 그래서 우리는 서로의 상황을 짐작할 수 있고, 업무의 예상이 가능하다. 하지만 환자는 매번 달라진다. 같은 환자여도 환자의 상황은 시시각각 다르고, 상태도 달라질 수 있다.

병원 서비스의 목적이 무엇일까? 생각해본 적 있는가? 병원의 존재 이유는 '환자'이고, 편안하게 진료를 받아야 하며 그로 인해 좋은 결과를 얻을 수 있어야 한다. 그런데 업무를 하다 보면, 어느 순간 가장 큰 목적인 환자는 뒷전이 되고 그저 일에만 치중되어 애초에 무엇을 위해 하려고 했는지조차 잊게 된다. 물론 매 순간 비전과 사명을 생각하며 근무하기란 쉽지 않다. 그렇기에 우리는 이것을 '시스템화'해야 한다.

모든 일은 생각만 가지고는 되지 않는다. 예상한 일이 아예 다른 쪽으로 흘러가는 경우도 많고, 하면 할수록 그르치게 되는 일도 생긴다. 하지만 업무를 시스템화하면 안정적인 처리가 가능해진다.

다시 P병원으로 돌아와보자. P병원은 무전기 사용에 대해 전체 교육을 시행하고, 꼭 필요한 말만 전달하는 방식으로 시스템을 다시 구축했다. 진료적인 내용과 이후 환자 예약 관련된 내용이나 특이사항 등은 기록해서 공유할 수 있도록 했다. 말로 전달하는 것은 오해가 생길 수 있지만 글로 전달하는 것은 누구나 확인이 가능하고, 기록이 남기 때문에 잊더라도 다시 상기시킬 수 있다. 자신의 업무에 신경 쓰느라 역할에 소홀했던 부분도 다시 바로잡았다. 환자를 진료하고 예약을 잡아주는 것만이 직원의 역할이 아니라는 것을 설명하고, 매주 화요일에 CS 관련 세미나를 진행했다. 이 결과 소개 환자가 늘어났고, 상담 동의율도 20%나 늘었다.

무엇보다 직원들의 피로도가 많이 줄어들었고, 직원들이 환자에게 집중할 수 있었다. 눈에 띄게 변화한 것은 병원의 분위기였다. 환자들에게 직접적으로 하는 서비스는 아니었지만, 그대로 환자에게 전이되어 편안한 분위기가 만들어지게 된 것이다.

이렇게 좋은 서비스 제공을 위한 '시스템'을 만들 때 우선적으로 고려해야 할 것이 있다. 바로 우리의 목적이다. 단순 업무를 위한 시스템을 만들 때는 업무 위주로 빨리 끝낼 수 있는 시스템을 계획한다거나, 대량의 업무 처리 시스템을 계획하면 된다. 하지만 '고객 만족'이 목적인 경우에는 신중하게 접근해야 한다.

목적 잃은 서비스는 문제를 일으키게 된다

첫째, 병원은 환자가 안전하고 편안하게 진료를 받을 수 있도록 해야 하는 의무가 있다. 그런데 업무 프로세스가 복잡해서 환자의 진료에 집중되지 않고 일을 하는 그 자체에 집중되면 진료 만족도가 떨어지게 된다. 제대로 진료 받은 것 같은 '느낌'이 들지 않기 때문이다. 환자는 진료

환자가 몰리는 병원은 서비스가 다르다

를 잘하는지 못하는지 알지 못한다. 다만 나를 대하는 직원들과 의사의 태도가 어떤지, 진료를 받는 과정이 매끄럽게 이어지고 있는지, 여러 번 말을 해야 하지는 않는지 등에 대한 접점에 따른 사소한 불편감으로 판단한다. 직원이 자신의 일을 하느라 정신없어서 나의 불편감을 알아차리지 못하면 말없이 떠나가게 된다.

둘째, '환자의 불편'이다. 환자는 직원들끼리 몇 번이나 같은 내용을 말하느라 지체되는 시간을 대책 없이 기다려야만 한다. 그렇게 발생한 오류 상황을 정정하느라 시간과 에너지를 쏟아야 할 수도 있다. 이는 밑 빠진 독에 물 붓기와도 같은 치명적인 문제가 될 수 있다.

셋째, '직원의 업무 피로도' 또한 피할 수 없는 문제이다. 뒷부분에서 자세히 다루겠지만, 결국 모든 서비스를 담당하는 것은 직원들이다. 직원이 업무에 불편을 호소하는 상황은 추후 병원 경영에도 영향을 끼칠 수 있는 중요한 문제가 될 수 있다.

고객을 위한 시스템은 반드시 필요하다. 하지만 시스템이 잘못 만들어지면 주된 피해는 결국 환자에게 돌아가고, 이것을 느낀 환자는 최종적으로 병원을 이탈하게 될 수 있다.

다시 처음으로 돌아가서 우리가 매일 하는 업무가 고객에게 불편을 주고 있지는 않은지 체크해보자. 업무 프로세스만 바꾸어도 직원도, 고객도 모두 만족하는 병원을 만들 수 있다.

업무의 중복을 줄이면 모두가 편해진다

오래 전 치과 직원들을 대상으로 '직원이 편해야 환자가 편하다.'라는 원내 강의를 준비했었습니다. 그때 직원이 편할 수 있는 환자 응대 실무에 대해 강조했었는데요. 업무를 편하고 차질 없게 할 수 있는 포인트는 '중복'을 줄이는 데에 있습니다.

일의 중복은 직원의 피로도를 불러일으킬 뿐만 아니라 일의 효율을 해치는 매우 치명적인 요인이 되죠. 돌다리도 두드려본다는 마음으로 확실하게 일을 끝맺는 것은 중요하지만, 무의미하게 같은 일을 여러 번 하는 것은 일의 흐름을 방해하고 오히려 업무를 지연시킵니다.

예를 들어 환자와 중요한 통화를 한다고 가정합시다. 환자와의 통화내용을 기록하는 것은 중요하지만, 통화하면서 메모지에 끼적인 내용을 다시 정리하여 적고, 차트에도 다시 옮겨 적는다면, 이건 같은 일을 몇 번이나 반복하게 되는 것입니다. 이런 식으로 업무를 처리하면 미처 처리하지 못한 A라는 일 때문에 다음 업무인 B까지도 혼선을 빚게 되는 상황이 생길 수밖에 없죠.

우리가 매일 하는 업무가 환자들에게 분명 영향이 갑니다. 그래서 고객 응대는 '티 안 나게 중요한' 업무가 되는 셈이지요. 자신의 선에서 효율적으로 바꿀 수 있는 시스템이 있다면 수정해보세요. 나도 편하고, 환자도 편해지게 될 테니까요!

5.

시간 마케팅 :
고객의 시간을 소중히!

"바쁘다 바빠."

현대인들이 입버릇처럼 달고 사는 말, '바쁘다. 바빠.'라는 말은 정말 물리적인 시간 자체가 없어서일 수 있고, 혹은 할 일이 많아서 빨리해야 한다는 뜻일 수도 있다. 중요한 것은 현대인들은 1분 1초를 아끼며 굉장히 바쁘게 살아간다는 것이다.

서점에 가보면 '시간 관리'에 관한 책들이 쏟아져 나오고, 하버드 신입생들의 첫 강의가 '시간 관리'인 것에 세계가 주목한다. 누구에게나 똑같이 주어지는 24시간을 1분이라도 더 효율적으로 쓰기 위해 차별화된 노력을 기울인다.

이런 사회적 측면으로 볼 때, 환자들이 대기시간에 민감한 것은 너무나 당연한 일일지도 모른다. 애써 예약했는데 많이 기다려야 한다면 그 상황에 대해 설명하고 양해를 구해야 한다. 예약 없이 내원한 경우 미리 대기시간을 안내하고, 10~20분 단위로 "이제 10분만 더 있으시면 들어가실 수 있으실 거예요."라고 중간 안내가 필요하다. 처음에 설명했다고 끝이 아니라 중간 안내를 했을 때 좀 더 신경 쓰는 느낌을 받게 되고 조금 더 기다리더라도 화가 덜 난다. 우리의 시간이 소중하듯 환자의 시간 또한 소중하다는 것을 기억하자.

소중한 고객의 시간을 위한 '시간 마케팅'

'시간 마케팅(Time Marketing)'은 바로 이러한 개념에서 나온 말이다. 가격이나 품질뿐만 아니라 고객의 시간을 아껴줌으로써 판매촉진에 기여한다는 전략이다. 이 마케팅은 기본적으로 고객의 시간이 소중하다는 개념으로부터 시작된다. 그리고 MOT와도 연결된다.

MOT는 '진실의 순간', '결정적 순간'이라는 의미로 서비스 용어로 주로 쓰인다. 본래 뜻은 투우사가 소의 급소를 찌르는 그 순간을 의미하는 스페인 투우 용어 'Moment De La Verdad(모멘트 드 라 베르다드)'의 영문인 'Moment of Truth'의 약자이다. 투우사가 긴 칼로 손톱 크기만 한 소

등의 급소를 정확히 찌르는 그 순간이 투우 경기에서 가장 결정적인 순간인 것처럼, 마케팅에 있어서도 고객에게 짧지만 강렬한 인상을 주는 순간이라는 의미로 사용된다.

내가 처음 CS를 공부할 때 이 내용을 처음 접하게 되었는데, 투우사의 빨간 천처럼 강렬하게 내 머릿속에 각인되었다. 이 용어는 스웨덴의 마케팅 전문가인 리처드 노만(R. Norman)이 처음 사용하였는데, 고객이 직원이나 기업의 특정 자원과 접촉할 때, 서비스 품질에 대한 고객의 인식에 결정적인 영향을 미치는 상황으로 정의하였다. MOT는 서비스가 각광받는 현대에 더욱 주목받고 있는 마케팅 용어로서, MOT 마케팅은 스칸디나비아 항공의 얀 칼슨(Jan Carlzon) 사장이 1987년 발표한 『고객을 순간에 만족시켜라: 진실의 순간(Moment of Truth)』이라는 책이 베스트셀러가 되면서 세상에 널리 알려지게 된다. 얀 칼슨 사장은 부임하자마자 직원들이 고객을 만나는 15초 동안이 진실의 순간이라고 말했다고 한다.

단, 15초! 누군가에게 기업을 알려주기엔 너무 짧은 시간이다. 하지만 얀 칼슨 사장은 본인이 언급했던 그 진실의 순간 15초를 집중적으로 관리하였고, 그 결과 일 년 만에 820만 달러의 적자였던 스칸디나비아 항공을 7100만 달러의 흑자 기업으로 바꾸어놓는 데 성공했다고 한다.

고객은 매 순간이 '결정적'이다

우리는 환자에게 '순간'의 서비스를 위해 최선을 다하고 있는가? 우리가 환자를 기다리게 하는 그 순간도, 환자에게는 결정적 순간으로 다가올 수 있다.

고객은 매우 깐깐한 시청자와 같다. 재미있는 장면이 나올 때까지 기다려주지 않는다. 보기 싫은 장면이 나오거나, 진부한 스토리가 펼쳐지면 바로 다른 채널로 돌려버린다. 우리는 시청자가 재미있어하는 프로를 제작해야 하고, 우리의 채널을 즐겨찾기 할 수 있도록 노력해야 한다. 그러려면 광고가 나오는 시간까지도 신경을 써야 하는 것이다.

환자가 대기를 하는 순간에도 '시간을 낭비하고 있다'는 느낌이 들지 않도록 하는 노력이 필요하다. 맛있는 커피를 마실 수 있게 하여 커피 전문점에 들르는 시간을 절약할 수 있게 한다거나, 신문을 두어 아침 일찍 출근하느라 보지 못했던 세상 돌아가는 이야기를 볼 수 있게 해주는 것도 방법이 될 수 있다. 요즘은 재택업무가 활성화되면서 탭이나 노트북 등의 사용이 더욱 자연스러워지고, 어디에서나 자신의 업무를 처리하는 경우가 많다. 이런 측면에서 본다면 와이파이를 잘 보이는 곳에 두는 것만으로도 훌륭한 서비스가 될 수 있다.

며칠 전 상담을 도와드렸던 50대 후반의 J환자는 이미 치조골이 많이 흡수된 상태였다. 그는 '이미 많이 늦은 감이 있지만 그래도 이제는 관리의 중요성을 깨달았다'며 우리 병원에서 지속적인 치주 관리를 받고 싶다고 했다. 그러면서 이런 이야기를 덧붙였다.

"제가 사실 예전부터 계속 다녔던 곳에서 무료로 치주치료를 해주는데, 이제 거기를 잘 안 가게 되더라고요."

이사를 오신 건가 싶어 나는 되물었다.

"아, 거리가 조금 있으신가요?"

그러자 그 환자가 대답했다.

"아뇨, 여기 바로 앞이에요. 그런데 거기는 사람이 너무 많아서 매번 오래 기다려요. 그래서 이제는 치과를 바꾸고 싶어서요."

나는 내색은 안 했지만 적잖이 놀랐다. 그 환자는 가격에 꽤나 민감한 환자였다. 그런 사람이 무료로 치료를 해준다는데도 대기가 길어 가고 싶지 않다니! 이제는 무료로 스케일링을 해준다고 해도 환자의 필요성을 모두 충족하지 못하면 통하지 않는 시대가 되었다는 뜻이다. 이 환자는 돈보다 시간을 더 중요하게 생각했고, 그 니즈가 충족되지 않았기에 병원을 옮기게 된 것이다.

앞으로 우리가 만날 고객들은 개인의 시간을 점점 더 중요하게 생각하고, 만족하는 서비스를 받을 때까지 순순히 기다려주지 않을 것이다. 선택받기 위해서는 고객의 매 순간을 만족스럽게 만들어야 한다. 그 순간이 꼭 상담자에게 상담을 받는 시간, 의사에게 진료를 받는 시간이 아닐 수도 있다. 환자가 우리 병원에 오기 전 주차를 위해 몇 바퀴를 도는 시간이 될 수도 있고, 아무것도 없는 대기실에서 가만히 앉아 있는 순간일 수도 있다.

고객은 그들이 있는 그 공간과 그 시간이 가장 이 순간이 가장 중요하다. 그 시간에 만족을 느끼지 못할 경우 가차 없이 이탈한다. 고객 우선의 서비스는 '순간'의 싸움이다.

환자의 소중한 시간을 지켜주는 안내법

개인의 시간이 소중하다는 것은 누구나 알고 있습니다. 다만 내 영역에서만큼은, 나의 업무에서만큼은 관대해지곤 하죠. 이 부분을 늘 조심해야 합니다.

· 환자가 주차장에서 기다릴 때, 주차장 직원들은 어쩔 수 없는 일이라 말합니다.

· 환자가 대기실에서 기다릴 때, 리셉션 코디네이터들은 어쩔 수 없는 일이라 말합니다.

· 환자가 진료실에서 기다릴 때, 진료실 직원들은 어쩔 수 없는 일이라 말합니다.

· 환자가 수술 대기시간이 길어질 때, 술자는 어쩔 수 없는 일이라 말합니다.

하지만 환자는 어느 곳에서도 당연하다고 느끼지 않습니다. 성말 어쩔 수 없는 상황들이 있을 수 있지요. 그렇다면 고객이 이해할 수 있도록 미리 설명하고, 지루하지 않도록, 불안해하지 않도록 안내할 수 있어야 합니다.

환자 입장에서는, 직원이 전화를 받고 있으니까 당연히 기다려야 하는 것이 불쾌할 수 있습니다. 직원이 다른 환자를 응대하고 있으니까 내 이름을 부를 때까지 차례를 기다려야 하는 것이 부당하다고 느낄 수도 있습니다. 이럴 땐, 잠깐이라도 환자에게 "죄송하지만 지금 걸려온 전화를 받고 있습니다. 통화가 끝나면 비로 안내해드리겠습니다. 잠시만 기다려주세요."라는 안내를 할 수 있어야 합니다. 그것이 우리의 역할이지요. 이 점을 기억하면 우리 병원에서 환자의 시간은 소중히 관리될 수 있을 것입니다.

6.

서비스,
끝없이 배우고 행동하라

'Know-it-all'보다 'Learn-it-all'! 모든 것을 배워라!

　인도 출신의 미국의 공학자이자 현재 마이크로소프트사의 제3대 CEO
인 사티아 나델라(Satya Narayana Nadella)는 사양길에 접어든 마이크
로소프트사를 다시 부활하게 한 인물로 유명하다. 전 세계 시총 1위이던
마이크로소프트사는, 제2대 CEO인 스티브 발머 시절 시대에 뒤떨어졌
다는 혹평과 함께 전 세계 시총 10위까지 떨어지기도 했는데, 그때 마이
크로소프트사는 'Know-it-all' 즉, '모든 것을 다 안다.'라고 하는 오만과
배척이 가득한 문화였다고 한다. 하지만 2014년 나델라가 부임하고 나서

　　　　　　　환자가 몰리는 병원은 서비스가 다르다

이 문화는 'Learn-it-all' 즉, '모든 것을 다 배운다.'라는 문화로 변화한다. 그리고 마이크로소프트사는 2020년, 다시 전 세계 시총 1위 자리를 탈환한다.

나델라는 스탠퍼드 심리학 교수 캐롤 드웩(Carol Dweck)의 성장 마인드셋(growth mindset)을 구현했다. 그리고 팟캐스트의 한 인터뷰에서 이렇게 이야기한다.

"If you take two kids at school, One of them has more innate capability but is a know-it-all. The other person has less innate capability but is a learn-it-all. The learn-it-all does better than the know-it-all."

(어떤 학교에서 두 명의 아이를 데려다 놓습니다. 그 중 한 명은 타고난 능력이 뛰어나지만 모든 것을 안다고 생각합니다(Know-it-all). 다른 아이는 타고난 능력은 덜하지만 모든 것을 배우려고(Learn-it-all) 합니다. 이 이야기의 결말이 어떻게 될까요? 결국 Learn-it-all 이 Know-it-all보다 잘합니다.)

또한 나델라는 "경청은 내가 실천한 가장 중요한 과제다."라는 말을 하기도 하였는데, 이 대목에서도 나델라가 겸손한 자세로 다른 사람들의 이야기를 듣는 것을 중요하게 생각했다는 것을 알 수 있다. 경청은 배움의 기본자세이다. 일단 내가 다 안다고 생각하는 순간, 다른 사람들의 말에 귀를 기울이는 것은 쉽지 않다.

직장 내 연차가 쌓이고, 직급이 올라가면, 다른 사람들의 말을 경청하는 것이 더 어렵게 느껴진다. 자신은 이 분야에서 배울 만큼 배웠고, 이미 다 알고 있는 얘기를 한다고 생각하기 때문이다. 하지만 사티아 나델라는 마이크로소프트사의 최고경영자 자리에 올랐음에도 불구하고 경청의 중요성과 필요성에 대해 강조한다. 내가 아는 것이 전부라고 생각하지 말고, 항상 새로운 자세로 듣고 배워야 한다는 것이다.

우리는 고객 만족 서비스에 이 배움을 어느 정도 실천하고 있는가? 간혹 서비스는 말만 잘하면 된다고 생각하는 사람도 있다. 이런 생각은 큰 오산이다. 물론 문제 해결에 있어, 말주변이 좋고 센스가 있는 사람이 그렇지 못한 사람보다 유리할 수는 있다. 하지만 정확한 정보를 알고, 제대로 활용하는 것이 기본이다. 자신이 남들보다 임기응변에 능하고, 말을 막힘없이 잘한다고 배움을 게을리 해서는 절대 안 된다. 그런 사람은 서비스의 문제 해결에서 또한 그저 그 당시의 위기만 모면하는 것에 그칠 수 있다.

끝없이 배우고 연구하고 서비스하라

이미 최고의 자리에 오른 사람들도 배움을 게을리하지 않는다. SK의 최연소 이사이자 세계화전략연구소 소장이었던 故이영권 박사는 그의 저서 『내생애 최고의 멘토, 조지 브라운』이라는 책에서, 모든 세일즈 분야를 통틀어 5위 안에 들었던 미국 자동차 세일즈맨 조지 브라운의 생활 습관을 소개한다. 조지 브라운은 20개가 넘는 자격증이 있다고 하는데, 그 자격증을 따게 된 과정은 조지 브라운을 가히 '멘토'로 삼을 만하다.

조지 브라운은 신종 자동차가 나오면 차체에서부터 엔진까지 모두 뜯어본다. 차량을 다시 재조립하는 과정에서 기존에 판매했던 차량과의 차이점을 찾고, 차량에 대한 완벽한 지식을 쌓는 것이다. 자신이 그 차량에 대한 모든 파악이 끝난 후에 고객에게 판매를 해야 고객이 마음 놓고 살 수 있다는 이유였다. 실제로 그는 차량에 대한 장점만 이야기하는 것이 아니라, 고객이 정확하게 판단할 수 있도록 상점과 단점을 가감 없이 말해주었다고 한다. 그가 이렇게 자동차에 관해 엄청난 지식과 전문성을 지니게 된 것은, 고객 한 사람 한 사람에게 성실하게 응대하기 위해서였다. 처음에는 책을 보며 스스로 조립해보는 것이 전부였지만, 나중에는 지식이 쌓이면서 따게 된 자격증이 20개가 넘게 된 것이다.

이렇게 고객 만족 서비스를 위해 열정을 다했던 조지 브라운은 고객 관리에도 열심이었다. 이 책의 저자 이영권 박사는, 한국에 와서 다섯 번의 차를 바꾸었지만 다 다른 딜러에게 차를 사게 된다. 굳이 한 딜러에게 살 이유가 없었다는 것이다. 이것은 제대로 고객의 관리가 잘되지 않았다는 반증이었다. 하지만 조지 브라운은 끊임없는 고객 관리로, 미국에서 머문 5년 반 동안 이영권 박사에게 총 50통이 넘는 편지를 보내어 완전한 자신의 고객으로 만들었다.

어떻게 조지 브라운은 이렇게 고객관리를 잘 할 수 있었을까? 그는 늘 배움의 자세로 임했다. 차 자체에 대한 공부뿐만 아니라 고객의 마음을 사로잡는 방법도 공부했다. 고객의 마음을 사로잡기 위해 각각의 니즈를 파악해서 끊임없이 문을 두드리며 끈을 놓지 않았다.

뛰는 고객 위에 나는 서비스맨

병원의 서비스도 이와 다르지 않다. 병원이 환자를 선택하는 것이 아닌, 환자의 선택을 받기 위한 세일즈맨의 입장에 있다. 시대가 변할수록 환자는 더 똑똑해진다. 이제는 넘쳐나는 지식을 넘어, 거짓 정보들도 판을 치고 있는 세상에서 우리는 환자보다 더 똑똑해져야 한다. 환자의 선택이 우리 병원을 향하게 하려면, 환자가 납득할 만한 충분한 근거를 댈 수 있어야 하며, 환자의 질문에 올바른 정보를 줄 수 있어야 한다. 그러기 위해서는 끊임없이 배우고, 익히고, 적용해야 한다. 매번 바뀌는 법안에 귀를 기울이고, 우리 병원에 접목해서 환자에게 적재적소에 안내해줄 수 있어야 한다. 그렇게 쌓은 신뢰는 환자를 우리 병원으로 오게 하는 중요한 카드가 될 것이다.

벤치마킹은 가장 빠르게 목표에 도달할 수 있는 수단이라고 한다. 이제 우리도 고객 만족을 위한 멘토를 설정하는 것은 어떨까? 자만은 버려라. 항상 배우는 마음가짐으로 공부해야 한다. 서비스도 아는 것이 힘이다.

환자가 몰리는 병원은 서비스가 다르다

7.

환자를 리드하는
똑똑한 서비스를 하라

친절한 서비스와 끌려다니는 서비스는 다르다

서비스 상태 점검을 요청하는 병원에 가보면, 직원들의 서비스 마인드가 굉장히 잘 심어져 있는 곳들이 있다. 하지만 간혹 환자에게 끌려다니는 모습을 보이는 병원도 있어 안타까움을 자아낸다. 친절한 병원과 환자에게 끌려다니는 병원, 언뜻 보면 매우 비슷해 보이는 이 두 병원의 차이는 과연 무엇일까?

인천에 있는 S병원은 매일 환자로 북적인다. 환자들이 쉴 새 없이 드나

들고, 어른, 아이 할 것 없이 이 병원을 찾는다. 환자들은 이 병원을 찾는 이유로 '친절'을 꼽는다. 그만큼 지역 내에 '친절한 병원'으로 자리매김한 병원이지만 이곳에도 문제는 있다. 하루에 한 번은 꼭 큰 소리가 난다는 점이다. 이곳에서 오래 근속한 직원들은 병원의 고질적인 문제로 '친절한 분위기'를 꼽는다.

친절한 병원의 문제가 친절한 분위기라니? 무슨 이야기일까? 올해로 S병원에 8년째 근무하고 있는 직원 H씨는, '환자가 원하는 것을 뭐든 다 들어주는 분위기'가 컴플레인의 요인이라고 말한다. S병원은 환자가 조금이라도 언짢은 상황이 생기거나, 언쟁이 생기는 것을 굉장히 두려워하는 분위기라는 것이다. 그래서 환자가 약간이라도 불만을 얘기하거나 불편한 점을 얘기하면 바로 죄송하다고 고개를 숙이고 무조건 환자가 원하는 대로 맞춰주었다. 조금만 큰소리가 날 것 같으면 미리 자세를 낮추어 응대하는 '저자세 서비스'를 제공했다. 그러다 보니 직원들도 환자의 비위를 맞추는 것이 당연해졌고, 큰 소리를 내는 환자는 아무 말 하지 않는 환자에 비해 많은 이득을 보게 된다고 했다.

우리는 평소에도 컴플레인을 이용하여 이익을 챙기는 사람들을 흔히 접한다. 오죽하면 '목소리 큰 사람이 이긴다.'는 말까지 나오겠는가. 그런 한두 사람의 환자 때문에 피해는 고스란히 병원과 직원이 된다는 것은 정말 분하고 짜증나는 일이 아닐 수 없다. 어떻게 하면 똑똑한 서비스를 할 수 있을까?

고객을 리드해야 고객이 만족한다

우리는 '끌려다니는 서비스'가 아닌, '고객을 리드하는 서비스'를 해야 한다. 주도권을 우리가 갖되, 그 안에서 환자의 편의를 중시하고 존중하는 서비스가 이루어져야 한다. 무조건 다 들어주고, 어떤 말을 해도 될 것처럼 만만하게 보여서는 환자에게 제대로 된 서비스를 할 수 없다.

병원의 분위기도 마찬가지이다. 물론 직원이 친절하다고 모든 환자가 다 직원을 이기려고 하지는 않는다. 하지만 우겨서 될 것 같은 병원, 큰소리를 치면 무조건 죄송하다고 하는 병원, 정확한 서비스 규범이 없는 병원은 예시에 나온 병원과 같이 매일이 전쟁터일 수밖에 없다.

여기서 오해는 하지 말자. 환자에게 고개 숙이지 말라는 것이 아니다. 원칙과 규범을 준수하고 무조건 우기라는 말은 더더욱 아니다. 똑똑하게 서비스하라는 말이다. 환자와 병원 사이에도 커뮤니케이션이 필요하고, 당연히 소통의 오류가 생길 수도 있다. 그럼 그 부분은 해결을 해나가는 과정이 필요하다. 해결하는 과정이 모두 즐거울 수만은 없다. 우리가 추구하는 진료의 방향, 철학, 목표와 맞지 않으면, 아쉽지만 보내주어야 하는 환자가 생길 수도 있다.

예를 들어, 사보험 보장을 위해 초진 기록지의 수정을 요구한다거나, 현재 환자 상태에는 당치도 않는 진료를 요구한다거나, 매번 병원 문을 열기도 전에 와서 진료를 요구하는 환자를 모두 맞춰줄 수는 없는 노릇이다. 하지만 환자의 기분을 상하게 하고, 이탈하는 것이 두려워 무조건 우리가 납작 엎드리는 것 병원의 경영에도 결코 도움이 되지 않는다.

병원에서 한바탕 큰소리를 치고 구강용품을 잔뜩 받아온 환자는 집에 가서 의기양양하게 얘기할 것이다. "거기는 뭐 제대로 정해진 게 없어. 꼭 큰소리쳐야 준다니까. 가만히 있으면 호구인 줄 알아. 일단 큰소리부터 쳐야 해."라고 말이다.

환자는 병원의 반응에 자신이 오해했다고 생각하지 않는다. 그대로 병원의 잘못이 되는 것이다. 그렇다고 환자의 마음에 앙금이 사라질까? 환자는 사과를 받기 위해 이 병원을 선택한 것이 아니다. 처음 병원에 왔을 때, 환자는 본인의 치료가 잘 되기만을 생각했을 것이고, 이런 불미스러운 일이 일어날 것은 생각도 하지 않았을 것이다. 그런데 일은 벌어졌고, 자신이 선택한 병원에서 이런 실수를 했다는 사실에 당연히 기분이 좋지 않을 것이다. 이때 환자는 어떤 생각을 할까? 당연히 병원에 대한 신뢰가 깨질 수밖에 없다.

이렇게 우리가 환자에게 권리를 다하지 못하고 그저 비위만 맞춰주다 보면, 병원은 제대로 된 서비스를 할 수 없다. 똑똑한 서비스 대신 '친절하기만 한 서비스'를 선택한 것이 환자의 이탈을 가져올 수 있다는 것이다.

환자가 병원의 서비스를 리드하다 보면, 병원의 규율이나 규칙노 뉘십을 가능성이 크다. S병원의 직원 H씨의 말처럼, 큰 소리를 내는 환자는 아무 말 하지 않는 환자에 비해 많은 이득을 보게 한다면, 이는 스스로 만만한 병원을 자처하는 것이다.

대형마트에 갔다고 생각해보자. 오늘부터 파격 세일을 하고 있어서 입장하는 줄이 아주 길다. 줄을 선 지가 꽤 된 것 같은데, 이상하게 줄지 않는다. 가만 보니, 내 뒤에 있는 사람들이 담당자에게 항의를 하니, 다 먼저 들여보내주고 있는 것이다. 나는 어떤 생각을 하겠는가? 화를 내고, 불만을 제기하면 혜택을 주는데, 가만히 있는 게 오히려 바보 같다고 생각하지 않겠는가?

병원이 만만하게 보여서는 환자도 만족스러운 서비스를 얻을 수 없다. 이것은 기분의 문제가 아니다. 바라는 대로 해준다고 환자가 100% 만족할까? 전혀 그렇지 않다. 정해진 최대 숫자 100중에 90을 주는 것과, 무한대에서 200을 주는 것 중 어떤 것이 더 기분이 좋겠는가? 고객의 만족감은 100중에 90이 더 크다. 한정할 수 없는 크기에서 아무리 더 좋은 서비스를 제공한다고 해도 고객은 만족하지 못하기 때문이다.

200을 드리지 못해 죄송하다고 하는 것이 친절한 서비스가 아니다. 우리의 서비스는 100까지라고 이야기하는 것에 익숙해져야 한다. 우리 병원에서 제공이 가능한 서비스는 'A, B, C'인데 이 중에서 'A, B, C' 이상은 제공할 수 없다는 것을 말해줄 수 있어야 한다. 우리 병원의 정해진 규칙을 안내하는 것이 똑똑한 서비스의 핵심이다. 제대로 된 서비스를 하면, 200을 주지 않고도 얼마든지 고객의 만족을 얻을 수 있다.

비언어적 요소를 활용한 소통으로 서비스를 리드한다

환자의 요구에 대한 거절이 어렵다면 비언어적 요소를 활용해보세요. 환자에게 전하는 표정이나 눈빛, 제스처 등은 난감한 상황에서 벗어날 수 있게 해주는 열쇠가 되기도 한답니다. 더불어 환자 자신이 한 행동이 너무 무례했다는 것을 느끼게 할 수도 있으니 일석이조!

환자가 너무 큰 금액의 할인을 요구한다면 난감하고 미안한 표정으로, 형편이 어려운 환자에게 부득이하게 금액이 큰 치료를 안내해야 한다면 그에 맞는 제스처를 동반하여 설명하는 거예요. 전하고 싶지만 전하지 못하는 열 마디 말을, 나의 표정과 제스처 등으로 훨씬 더 풍부하게 진심을 담아 전달할 수 있어요. 표현이 익숙지 않은 분들도 연습을 통해 얼마든지 응대 스킬을 기를 수 있으니 연습은 필수예요!

8.

병원의 규칙 VS 직원의 신념, 무엇이 먼저인가?

누가 병원이 서비스 측면에서 뒤떨어진다고 했던가? 이제는 대다수의 병원에서 서비스의 중요성을 파악하고, 실행에 옮기고 있다. 그만큼 서비스에 대한 관심이 높아지고, 더 좋은 서비스를 제공하기 위해 깊은 연구가 이루어지기도 한다. 그럼에도 불구하고 정작 평가는 좋지 않아 답답해하는 병원들이 상당히 많다. 열심히 하고 있는데도 불친절하다는 소리를 듣거나 성과가 없다면 시행 중인 서비스 방법을 점검해볼 필요가 있다.

병원의 서비스는 기업의 서비스와 다르지 않다. 대상만 달라질 뿐 추구하는 목적은 같다. 단순히 친절하기만 해서는 안 된다. 친절의 방법도 제각각이다. 병원이 추구하는 방향, 목적, 구성원의 역할, 그 외에도 병원의 위치, 주요 환자 층에 따라 가능한 서비스가 있고, 그렇지 못한 서비스가 있다. 꼭 해줄 수밖에 없는 서비스도 존재한다. 그럴 때는 환자에게 단호한 태도보다는 호의적인 태도가 훨씬 좋은 분위기를 형성하게 한다.

병원의 특성을 알면 선택과 집중이 쉬워진다

여기 환자에게 항상 상황을 똑 부러지게 설명하는 직원 L씨가 있다. L직원은 환자에게 끌려다니지 않고 리드하는 서비스를 제공하며, 원칙을 준수하는 원칙주의자이다. 가능한 서비스에 있어서는 한없이 관대하지만, 불가능한 서비스에 대해서는 예외란 없다. L직원이 생각하는 불가능한 서비스란, 형평성에 어긋나는 서비스이다. 각자의 상황에 맞춰 대처하는 것이 아닌, 모두에게 똑같은 기준과 잣대로 서비스를 하는 것이다.

L직원이 근무하는 N성형외과는 예약제로 운영된다. 대체로 예약 시간에 맞춰 온 환자를 가장 먼저 진료실로 안내하지만, 5분 이내의 간단한 처치만 하는 환자의 경우에는 예약을 하지 않았어도 먼저 안내하여 진료실 내의 효율을 높이는 경우가 많다.

하지만 이렇게 간단한 처지만 받는 환자가 왔을 때, L식원은 환사에게 일단 대기를 안내한다. "예약을 안 하고 오셔서 오늘 많이 기다리셔야 해요. 저희는 예약제이기 때문에 아무리 간단한 진료라고 해도 순서대로 기다리셔야 합니다. 1시간 정도 기다려야 할 것 같은데 예약 환자가 계속 오시면 오늘 못 보실 수도 있어요."라며 다른 환자와의 형평성을 위해, 예약을 하지 않은 환자에게는 일단 기다려야 한다는 안내를 한다. 그럼 환자는 "간단한 소독이라고 하던데 좀 빨리 봐주실 수 없어요? 1시간이나 기다려야 해요?"라고 반문하거나 말없이 기다린다.

여기서 L직원은 병원의 특성을 이해하지 못하고 있다. 예약제는 순서대로 보는 것이 맞지만 1~2분이면 끝나는 진료를 예약 없이 왔다고 해서 한없이 기다리게 하면 오히려 환자가 밀리는 경우가 생길 수 있다. 이런 경우 융통성 있게 예약한 환자의 시간을 많이 빼앗지 않는 범위 내에서 먼저 진료하는 게 좋을 수 있다. 보통의 병원은 이런 암묵적인 룰이 있다. 여기서 L직원이 범한 오류를 함께 살펴보자.

첫 번째, L직원은 병원에서 정한 규칙과 개인의 서비스 철학이 대립되어 자신의 철학을 선택했다. 이는 중요한 문제다. 모든 직원들이 '자신만의 철학'으로 움직이면 중구난방의 서비스를 제공하게 된다. 통일되지 않은 서비스는 환자에게 불편함과 불안감을 줄 수 있다. 이런 경우 병원의 규칙을 따를 수 있도록 해야 한다.

두 번째, 부정적인 언어의 사용이다. 물론, 예약을 하고 온 환자의 약속 시간을 맞춰주는 것은 중요하다. 하지만 1~2분이면 끝나는 진료라서 굳이 예약 없이 지나가다가, 혹은 일부러 시간을 내서 온 환자에게 부정적으로 말을 해서 부정적 이미지를 심어주지는 말자.

중요한 것은 우리 병원은 예약제이고, 예약을 하는 것이 좋으며, 지금 예약하신 분들이 있어 조금 기다려야 한다는 것을 알리되, 간단한 진료이니까 최대한 빠르게 봐드리겠다고 긍정적인 안내를 해주어야 한다. 설상가상으로 그 서비스는 병원의 특성으로 인해, L직원의 안내와 다르게 진행된다. 이는 미리 최악의 경우를 안내한 후에 예외의 피드백을 줌으로써 긍정적인 효과를 얻는 것과는 질적으로 다르다. 이미 부정의 안내를 받은 환자는 나중에 결과가 어떻건 서비스에 대한 부정적인 이미지가 각인된다. 얼마 기다리지 않았는데 시간이 된다며 빨리 진료를 진행한다고 해도 각인된 이미지는 없어지지 않는다. 결코 '불가능을 가능으로 바꾸어주어 고맙다'고 생각하지 않는다는 것이다. 환자에게 이런 피드백을 기대한다면, 애초부터 긍정적으로 안내하거나, '예약은 하지 않았지만(불가능한 상황을 안내), 간단한 진료이기 때문에(이유를 설명) 빠르게 모셔드리겠다.(가능을 안내)'와 같은 설명이 필요하다.

감정 소통은 서비스에서 없어선 안 될 요소

이와 비슷한 것이, 공감이 없는 기계적인 서비스이다. 응대의 기본은 환자와의 감정적인 교류이다. 이것이 없다면 서비스를 제공 받는 환자도 긍정적으로 피드백하기 어렵다.

전체 병원 시스템 모니터링을 위해 J병원을 관찰하러 갔다. 모니터링을 의뢰한 원장님은 N직원에 대한 걱정이 많았다. 병원에 불만도 많고, 환자들에게도 불친절해서 몇 번이나 컴플레인이 발생했었다는 것이 그

환자가 몰리는 병원은 서비스가 다르다

이유였다. 그래서 자연스레 N직원을 주의 깊게 관찰하게 되었다. 그랬더니 재미있는 일이 벌어졌다! 요주의 인물이었던 N직원은, 일도 가장 빠르게 처리하고 환자의 요구도 잘 들어주는 베스트 직원이었던 것이 아닌가?

이 직원이 왜 그렇게 보였는지 원인을 파악해보니, 표정이 없고, 말투가 사근사근하지 않아서 그렇게 보일 수밖에 없었던 것이었다. 이런 걸 두고 '츤데레'라고 하던가. 겉모습은 쌀쌀맞고 인정이 없어 보이지만, 결국 환자의 요구는 다 들어주려고 노력하고 있었다. 하지만 N직원을 보고 겪는 많은 사람들은 정작 N직원의 진짜 마음을 알 길이 없었다. 그저 표면적으로 드러나는 쌀쌀맞은 태도와 말투, 차가운 표정에 불편함을 느끼게 되었던 것이다.

요즘은 AI도 사람이 갖는 '감정'에 초점을 두고 제작한다고 한다. 자동 응답기에서도 '감정'을 터치하는 서비스에 중점을 둔다. N직원은 감정적인 표현 부재로 인해, 호평 일색일 수도 있었던 서비스가 환자의 불평으로 되돌아왔다. 고객과의 감정 소통은 선택이 아닌 필수이다.

병원마다 콘셉트와 철학이 모두 다르다. 지켜야 할 규칙도 다르다. 같은 상황에서도 병원의 규칙에 따라 다르게 응대할 수 있다. 그런데 이를 무시하고 내 성격대로만 하거나, 내 신념, 내가 배운 대로만 한다면 병원의 물을 흐리게 된다. 병원에서 일하는 직원들은 동일한 목소리를 낼 수 있어야 한다. 그 이면에는 통일된 병원의 문화가 있다.

내가 아는 것이 전부가 아니다. 내가 하는 것이 모두 정답은 아니다.

이를 인정하고 받아들일 때, 병원 전체가 한목소리를 내게 되고, 더 좋은 서비스를 제공할 수 있을 것이다.

9.

서비스는 포인트와
타이밍이 생명이다

고객이 원하는 포인트만 알아도 절반은 성공이다

우리 병원에서 제공하는 서비스가 성공적으로 이루어지려면 가장 먼저 환자가 진짜 원하는 것을 파악해야 한다. 이를 파악하지 못한 서비스는 아무리 훌륭했다고 하더라도 만족은커녕 불편함을 줄 수 있다.

신환이 치과 두 군데를 방문한다고 가정해보자. A치과는 초진 환자 접수 시, 전체 검진을 하고 순차적으로 치료한다. B치과는 일단 환자의 주소만 치료한다.

전반적인 치료를 생각했을 때는, 기본적인 스케일링부터 순차적으로 치료하는 A치과가 체계적으로 느껴질 수 있다. 하지만, 정작 내가 환자 입장이라고 생각하면 당장 아픈 부분을 먼저 치료하는 병원의 진료 시스템이 더 만족스러울 수 있다. 내가 경험한 치과 중에, A치과와 같은 시스템을 가진 치과의 환자들은 치료를 받다가 중간에 이렇게 이야기하곤 했다.

"그런데 저 오른쪽 위는 언제 치료하나요? 저는 원래 여기가 아파서 왔었는데, 계속 잇몸 치료밖에 안 하고 있어요."

물론 병원에 근무했던 사람들이라면 어떤 이유에서 이렇게 진행하는지 대략 이해가 간다. 전체적인 치료를 한다는 가정 하에, 이렇게 근본적인 원인을 치료하는 것이 더 효율적이라고도 느껴질 수 있다. 하지만 환자의 입장에서는 납득이 되지 않는 상황으로 받아들여질 수 있다.

여기서 기억해야 할 것은 '환자가 필요로 하는 것'이다. 환자가 상담 시에 가장 먼저 치료했으면 좋겠다고 하는 것, 비용은 나눠서 결제했으면 좋겠다고 하는 것, 예약 시간은 항상 첫 시간으로 해달라고 하는 것들이 바로 '환자가 진짜로 원하는 것'이다. 이것이 충족되면 그 외 나머지가 조금 불편하더라도 환자는 비교적 편안한 진료를 받고 있다고 인지할 수 있다.

하지만 많은 병원에서 이를 간과한다. 환자를 '아픈 사람' 즉, 사람으로 보는 것이 아니라 '의료상품'으로 보는 것이다. 그 의료상품은 A, B 치료가 필요하니까 환자가 필요로 하는 C는 뒤로 제쳐두고 A, B에 집중하는 것이다. 그것이 무조건 틀렸다는 것이 아니다. 만약 그런 진단이 내려졌다면 C에 대해 명확하게 설명해주고, 왜 A, B를 먼저 해야 하는지, C는 언제쯤 하는 것인지, 미리 안내해주어야 한다. 아무런 설명과 안내 없이 환자가 필요로 하는 것이 우선순위에서 밀려나면 환자는 불만족스러운 서비스를 받고 있다고 느낄 수밖에 없다. 환자가 원하는 것은 빠르고 확실하게 충족을 시켜주는 것이 중요하다.

서비스는 만족과 불만족, 둘 중에 하나다

내가 근무하는 병원에서는 점심 메뉴로 샐러드를 많이 시킨다. 샐러드를 파는 가게들 중 다양한 메뉴를 골라 먹다 보니, 거의 샐러드 도장 깨기 수준으로 모든 샐러드 가게를 한 번씩은 거치게 된다. 그중에 우리 병원이 꾸준히 이용하는 단골 가게는 두 군데 정도로 추려져 있는데, 음식의 맛은 두 군데 모두 훌륭하지만, 서비스에서는 매번 많은 차이를 느끼게 된다.

먼저, T가게는 세 달에 한 번 정도 우리가 시킨 샐러드의 양만큼 아이스 아메리카노를 보내준다. 그리고 B가게는 한 달에 한 번 꼴로 서비스를 보내주지만 한 잔의 아이스 아메리카노를 보내준다. T가게의 서비스를 받으면 직원들은 T가게 사장님을 찬양하며 한 잔씩 들고 가지만, B가게의 서비스를 받은 날에는 다들 다른 사람에게 양보하기 바쁘다.

이 두 가게를 보며 서비스에 대한 많은 생각이 들었다. '센스'라는 것은 결국 '배려'의 다른 이름이다. 열 개의 메뉴를 주문한 사업장에 '한 잔의 커피 서비스'는, 안타깝지만 외면의 대상이 되어버리고 만다. 이런 2% 부족한 서비스는 차라리 안 하는 것이 나을지 모른다.

그렇다고 무조건 많이 퍼준다고 고객이 만족하는 것도 아니다. 호의가 계속되면 권리인 줄 안다고 했던가? 예를 들어, 매번 스케일링을 무료로 해주다가 한 번 진료비를 받으면 난리가 난다. 또 매번 구강용품을 챙겨주다가 못 챙겨주는 날엔 영락없이 서운함을 내비친다.

미리하면 서비스, 늦으면 변명! 타이밍이 생명이다!

환자들은 준비되지 않은 서비스에도 민감하게 반응한다. 간혹, 준비하고 있던 서비스를 환자가 먼저 질문하는 바람에 생색낼 기회마저 놓치게 되는 경우가 있다. 이런 상황은 서비스를 제공하는 입장으로서 매우 안타깝다. 결국 고객이 요청해서 진행한, 한발 늦은 서비스가 되기 때문이다. 이런 상황을 방지하기 위해서는, 환자에게 상황을 미리 고지하고, 언제 어떻게 진행될 것인지 알리는 것이 중요하다.

만약 환자가 서류를 요청해서 진료 마지막 날 전달하기로 했다면, 중간에 미리 안내하는 단계가 필요한 것이다. 우리가 중간에 하는 안내는, 이전의 환자가 한 말을 잘 들었고, 그것을 기억하고 있으며, 결국 이행할 것이라는 확신과 믿음을 줄 수 있다. 하지만 우리가 '어차피 약속한 시간

환자가 몰리는 병원은 서비스가 다르다

까지 아직 한참 남았는데, 굳이 중간에 또 안내를 해야 해?'라고 생각한다면, 환자는 중간에 다시 그 이야기를 하게 되거나, 마지막 진료일이 되어서 예전에 미리 요청했었다는 사실을 다시 말하게 될 것이다. 환자는 병원이 차질 없이 진행할 것이라는 확신을 받고 싶은 마음이 있었을 것이고, 어떻게 되고 있는지 앞으로의 진행에 대해서도 궁금하고 답답한 마음을 가지고 있었을 가능성이 크다.

병원은 결과적으로 똑같은 서비스를 제공하게 된다. 하지만 미리 안내하고 진행하는 것과 그렇지 않은 경우는 완전히 다른 결과를 초래한다. 또 환자가 불편할 사항에 대해서도 미리 체크하여 시행하면, 한발 빠른 서비스가 된다. 환자의 입장에서 고려해보고, 불편 접수가 된 상황에 돌아가서 확인해보고, 직접 시뮬레이션을 돌려보자. 미리 하면 서비스가 되고, 사건이 일어난 후에 하면 변명이 된다.

서비스, 하려면 제대로 하자

이렇게 서비스라는 것은 안 해도 문제이고, 해도 제대로 해야 하기 때문에 여간 까다로운 것이 아니다. 서비스를 할 땐, 항상 기준이 있어야 하며, 아무리 애정이 가는 환자라도 기준에 맞춰 서비스를 해야 한다. 우리가 근무하는 병원은 사장님 맘대로 하는 개인 구멍가게가 아니다. 모든 직원이 정해진 규칙과 시스템에 의해 움직여야 하는 곳이다. 하고도 욕먹는 서비스, 내가 그 중심에 있지는 않은지 생각해볼 필요가 있다.

Part.3

환자의 마음을
사로잡는 서비스 원칙
5가지

-

고객의
눈높이에 맞는
맞춤 서비스를 하라

1.

100명의 고객이라면
100개의 니즈를 파악하라

다양한 고객의 니즈를 이끌어내라

고객이 원하는 서비스에는 어떤 것이 있을까? 많은 기업에서 고객이 원하는 서비스를 제대로 제공하고 있는지를 체크하기 위해 '고객서비스 만족도 조사'라는 것을 시행한다. 보통은 매우 만족에서 매우 불만족까지 5가지 단계로 나누어 체크할 수 있도록 만들어진 이 조사를 한 번쯤은 해본 적이 있을 것이다. '고객서비스 만족도 조사'는 서비스의 항목을 여러 가지로 분류하고 그 안에서 세분화하여 제시한다. 기업에서 고객에게 제공하도록 교육한 서비스를 담당자가 잘 이행하고 있는지, 고객은 어느 정도 만족하고 있는지를 체크한다. 개개인의 주관적인 견해도 적을 수 있도록 주관식 문항들도 꽤 많이 분포되어 있다.

　병원을 예로 들자면, 정확한 진단, 빠른 진료, 세심한 사후 관리 등이 대부분의 환자들이 원하는 진료 서비스라고 할 수 있을 것이다. 그럼 백 명의 환자에게 이와 같은 서비스를 똑같이 제공한다고 생각해보자. 과연 백 명의 환자 모두가 만족할까? 대다수가 만족하는 서비스라고 해도, 상황에 따라 불편함을 느끼거나 아쉬움을 토로하는 환자가 나올 수 있다. 빠른 진료보다는 꼼꼼하고 천천히 진료하는 것을 원하는 환자가 있을 수도 있고, 어떤 환자는 독한 약을 쓰더라도 하루 안에 치료가 다 끝나는 것을 희망할 수 있다. 다수의 사람들과 다른 서비스를 원한다고 해서 유별난 환자, 골치 아픈 환자로 치부되어야 할까? 그건 절대 아니다.

　이렇게 고객이 필요로 하는 것, 욕구가 바로 고객의 '니즈(needs)'이다. 서비스에는 옳고 그른 것이 없다. 언제나 변동 가능성이 있는 무형의 산물임을 인정하고, 소비자의 욕구를 주축으로 생각해야 한다. 문제는 니즈에 대한 파악이 제대로 되지 않을 때이다. 고객이 자신의 니즈를 정확하게 알고 있는 경우에 니즈를 파악하는 것은 크게 어렵지 않다. 하지만 고객이 자신의 니즈를 모르고 있는 경우에는 서비스를 제공하는 우리가 고객의 니즈를 이끌어내야 한다.

환자가 몰리는 병원은 서비스가 다르다

니즈의 계층화로 고객 만족을 구체화하라

'마케팅의 아버지'라 불리는 마케팅의 대가이자 세계적인 경영사상가인 필립 코틀러(Philip Kotler) 교수는 고객의 니즈를 5계층으로 분류하였다. 첫 번째는 분명한 니즈, 두 번째는 진정한 니즈, 세 번째는 분명하지 않은 니즈, 네 번째는 기쁨의 니즈, 다섯 번째는 숨겨진 니즈이다.

병원을 예로 들어보자. 병원의 고객인 환자의 분명한 니즈는 치료를 원한다는 것(고객이 명확히 밝힌 니즈), 진정한 니즈는 치료도 잘하고, 합리적인 가격의 병원이 있었으면 좋겠다는 것(고객이 정말로 원하는 니즈), 분명하지 않은 니즈는 여러 병원을 다녀보고 비교하여 선택하고 싶다는 것(고객이 명확히 표현하지는 않았지만 기대하고 있는 니즈), 기쁨의 니즈는 할인율이 높았으면 좋겠다는 것(고객을 기쁘게 할 수 있는 니즈), 숨겨진 니즈는 성공적인 치료로 주변 사람들에게도 소개해줄 수 있는 곳이었으면 좋겠다는 것(고객의 잠재적인 니즈)을 말한다.

이렇게 니즈를 5계층으로 분류하여 생각하면 환자의 필요성을 구체적으로 파악하고, 진정으로 원하는 서비스를 제공할 수 있다.

필립 코틀러는 마케팅의 근본인 소비자의 욕구를 니즈(needs), 원츠(wants), 디맨즈(demands)로 구분하기도 하였다. 우리가 계속해서 다루고 있는 니즈는 소비자의 본원적인 욕구로, 예를 들어보면 소비자의 생리적 욕구인 '목이 마르다.' 정도로 생각할 수 있다. 원츠는 그보다 더 구체적인 욕구로, '물을 마시고 싶다, 주스를 마시고 싶다.'라고 생각하는 욕구의 구체적인 형태이다. 디맨즈는 수요를 뜻하는 것으로, 소비자가 원츠를 구매하기 위해 고민하는 것이다. 이는 소비자의 실질적인 수요와 관련된 것으로, 소비자의 예산 등 현실적인 상황이 고려되어야 하는 부분이 있다. 이것이 우리가 환자 대부분이 아닌, 백 명의 고객 모두를 만족시키기 위해 파악해야 하는 부분이다. 서비스를 어떻게 제공하느냐에 따라 원츠가 디맨드로, 즉 구매력을 갖게 될 수 있다.

빠르고 정확한 니즈 파악으로 고객을 만족시켜라

병원에서 환자에 대한 빠른 니즈 파악은 병원에 대한 신뢰를 높여주고, 마침내 우리 병원을 선택할 수 있게 만든다. 쉬운 이해를 위해 단순한 예시를 들어보자.

소아 환자가 우리 병원에 혼자 내원했다고 하자. 이 경우 고객을 환자와 보호자로 설정하고, 보호자의 니즈를 충분히 파악해야 한다. 부모들은 혼자 병원에 간 아이가 걱정되기 마련이다. 그래서 부모가 동반하여 내원했을 때보다 세세한 전달을 원한다. 이것이 분명히 밝힌 치료에 대한 니즈와 별개로, 숨겨진 니즈가 되는 것이다. 그럼 우리는 그 부분을 충족시켜 주면 된다.

아이가 언제 도착해서 얼마나 기다린 후에 진료실로 들어갔는지, 어디가 어떻게 아프다고 했었는지 대리 보호자가 되어 사건의 흐름대로 설

환자가 몰리는 병원은 서비스가 다르다

명을 해주는 것이다. 부모가 알지 못했던 내용까지 체크해서 전달을 해주면 더욱 효과적이다. 고객의 니즈가 '혼자 간 아이가 걱정되기 때문에 병원에서 잘 케어해주었으면 좋겠다.'는 것으로 파악했기 때문에, 이때에는 꼭 치아에 대한 것이 아니어도 믿고 맡길 수 있는 든든한 병원의 이미지를 만들어주는 것이 중요하다.

그 후에는 고객이 분명하게 밝힌 니즈를 파악하여 정확하게 환자의 상태를 알려준다. 진단상태를 고지하고, 추후 치료 가능성에 대해 상세하게 설명한다. 고객이 금액에 대한 니즈가 있을 경우에는 상황에 따라 진료비 할인 등의 옵션을 진행할 수도 있다.

고객은 그지 본인들의 역할에 따라 치료에만 초점을 맞추고 알아듣기 힘든 진료 용어의 향연을 펼치는 병원보다, 자신의 니즈를 여러 방면으로 파악한 병원을 선택할 확률이 훨씬 높다. 니즈를 파악하기 위해 가장 중요한 것은, 고객의 태도를 살피는 것이다. 위와 같은 경우라면 보호자가 통화 중에 어떤 단어를 많이 사용하는지, 뉘앙스는 어떠한지, 아이를 케어하는 유형은 어떠한지에 따라 고객이 정말 원하는 숨겨진 니즈를 찾을 수 있다.

하늘 아래 같은 고객은 없다. 개개인의 성향이 다르기 때문에 원하는 서비스가 다른 것은 당연지사이다. 핵심은 고객의 니즈를 찾는 것이다. 찾아서 우리가 해결해줄 수 있다는 것을 인지시켜주어야 한다. 이를 위해 고객의 니즈를 더욱 기민하게 체크할 수 있는 방법을 찾는 것이 우리의 역할이다.

2.

서비스 시스템과
매뉴얼로 맞춤 대응하라

실전에 활용 가능한 매뉴얼이 진짜 매뉴얼!

당신이 근무하는 곳에는 서비스 매뉴얼이 있는가? 있다면 얼마만큼 세세하게 경우의 수를 두고 있는가?

나는 개인적으로도 많은 병원을 '경험'하려고 노력한다. 사회 초년생 시절 교정병원에 근무할 때 내가 직접 교정을 했던 것도 교정을 좀 더 가까이서 배우고 싶어서였던 것처럼, 나는 나 자신을 상대로 실험을 참 많이 하는 편이다. 직접 겪어보는 것이 상황을 이해할 수 있는 가장 확실한 방법이기 때문이다.

한 일 년 전쯤, 나는 한 정형외과에서 도수치료를 받고 개운한 마음으로 수액을 맞기로 했다. 내 혈관으로 말할 것 같으면, 많은 간호사분들이 이야기하길, 이리저리 움직이고, 잘 터지고, 있다가도 숨어버리는 '힘든 혈관'이라고 한다. 그날도 어김없이 바늘을 넣었다 뺐다 반복했다. 그제야 나는 생각했다. '아, 괜히 했구나.'라고. 이미 팔은 여기저기 구멍 난 후였지만, 그나마 안정적인 혈관에 링거를 연결하였다. 몇 방울 들어가자 팔이 미친 듯이 아파왔다. '아차, 나 혈관통도 있었지!' 나는 혈관통이 매우 심해서 10분짜리 링거를 1시간 넘도록 맞는 사람이다. 그런데 그 사실을 깜빡하고 수액을 맞겠다고 했던 것이다. 이 모든 소동을 거쳐, 통증을 끄억끄억 참아가며 수액을 맞은 시간은 수액을 맞은 지 10분 정도 되었을까? 결국 나는 수액 맞기를 포기하고, 팔을 축 늘어뜨린 채 집으로 왔다. 집으로 와서 하루의 일을 곰곰이 생각해보았다. '적어도 병원이라면 이런 부분은 체크해야 하지 않았을까?' 그 병원이 무엇을 놓쳤는지 하나씩 살펴보자.

첫째, 수액을 처방하기 전에 환자에게 어떠한 증상도 체크하지 않은 것. 내가 병원에서 복용 중인 약을 확인하는 것 외에 환자들에게 지금의 컨디션을 묻고, 과거의 경험에 대해 체크 할 때는 그게 그렇게 중요한 행위라고 생각하지 못했다. 내가 환자로 가보니, 그동안 내가 환자에게 '어떻게 이런 것을 미리 이야기하지 않았을까?'라고 생각했던 상황들이 모두 이해가 되었다. 환자의 입장에서 보니, 너무 긴장이 되고, 정신이 없어서 그저 병원에 의존하게 되었던 것이다.

사실 전신질환 체크는 우리가 조금만 환자를 배려하면 얼마든지 만족을 줄 수 있는 부분이다. 병원에서 으레 하는 질문이 아니라, 실제 진료할 때 꼭 필요한 단계이기 때문에 이를 인식시켜주는 것 또한 우리의 역할이다. 사소하지만 이를 놓치면 크나큰 의료사고로 이어질 수도 있다. 그런데 매일 같은 일을 반복하며 매너리즘에 빠진 많은 병원 종사자들은 이 부분을 쉽게 잊어버리고 만다.

둘째, 문제 상황에서 미흡하게 대처했던 점. 나는 중간에 바늘과 링거 사이의 연결이 풀려 피가 줄줄 흐르기도 했다. 그때에도 그저 처치를 할 뿐 나에게 사과를 하거나 내 놀란 마음을 진정시켜준 사람은 없었다. 나는 혈관을 찾을 때부터 수액을 맞는 내내 계속 문제의 연속이라고 느꼈지만, 특별히 관리해준다는 느낌을 받지 못하였다. 내가 스스로 나를 챙겨야 했고, 오히려 직원들에게 너무 미안하고 눈치가 보여 상당히 불편했다.

셋째, 환자의 기분을 체크하지 않았던 점. 그날, 그 소란 속에서 맞은 10분가량의 수액 비용은 그대로 청구되었다. 청구 비용이 아까운 것은 둘째고, 아무도 나의 상황을 진심으로 헤아려주는 사람이 없었다는 점이 정말 불쾌했다. 설명이라도 제대로 해주었다면, 나의 상황이 어땠는지 아는 사람이라도 있었다면 조금 더 마음이 놓였을지 모른다. 그렇지만 접점마다 직원은 계속 바뀌고, 전 단계의 내용 전달이 안 되어 나는 계속해서 내 입으로 자초지종을 설명해야만 했다. 나의 기분을 체크하기는커녕, 질문을 할 직원조차 찾기 어려웠다.

넷째, 확인 연락조차 없었다는 점. 나는 그 병원에서 도수치료도 했고, 그 이후에 수액을 맞으면서 많은 이벤트들이 있었던, 일종의 사후 관리가 필요한 환자였다. 그런데도 어떠한 연락도 받지 못했다. 시퍼렇다 못해 까맣게 멍든 팔을 보며 병원으로 연락을 해볼까도 생각했지만, 서비스 정신이 결여된 그들에게 내가 하는 말은 아무 의미도 없을 것 같아 그냥 두었다.

위와 같은 이유로 나는 편안했던 도수치료와 만족했던 서비스들은 전혀 기억나지 않게 되었다. 나는 이 병원에 서비스 매뉴얼이라는 것은 존재하지 않을 것이라고 단정지었다. 물리적으로는 있다고 해도 없다고 보는 것이 맞을 것 같았다. 있어도 쓰지 않는다면 무용지물이니 말이다.

환자가 몰리는 병원은 어떤 상황에서도 흔들림이 없다

혹시 우리 병원에는 서비스 매뉴얼이 있는가? 만약 서비스 매뉴얼이 있다면, 이렇게 특수한 상황의 응대까지도 안내되어 있는지 확인해보자. 대부분의 서비스 매뉴얼은 단순하고, 형식적이다. 인사하는 법, 안내하는 목소리, 걸음걸이 등의 자세, 몇 가지 응대 멘트 등이 전부이다. 응급 상황에 대처하는 매뉴얼은 없는 경우가 많다. 이 모든 것들을 미리 만들어두어야 한다.

전신질환을 체크할 때도 단순히 체크용지에 체크하는 것이 아닌, 왜 필요한 일인지 환자가 정확히 인식할 수 있도록 설명해주어야 한다. 진료를 하거나 상담을 할 때 환자와 나눈 이야기 중 반드시 알아야 할 내용들은 모두 기록해서 전 직원이 공유하도록 한다. '매주 수요일 오전 시간이 편함', '고3 수험생 아들이 있어서 저녁 늦게는 힘듦', '혈관이 약해서 수액을 맞을 때는 반드시 고년차 선생님 투입' 등의 내용이 기록되어 있으면 진료할 때 우왕좌왕하지 않고 편안하게 물 흐르듯이 흘러갈 수 있다. 환자는 말하지 않아도 알아서 챙겨주는 직원들에게 따스함을 느끼고, 편안함에 계속해서 찾아오게 된다. 한번 신뢰가 쌓이면 쉽게 병원을 옮기지 않는다.

매뉴얼은 단순히 '이런 경우 이렇게 하라.'라는 업무 프로세스 정리가 아니다. 환자에게 제공하는 서비스를 통일하고, 문제가 생겼을 때 당황하지 않고 진행하도록 약속을 하는 것이다. 매뉴얼에 모든 상황을 기록할 수는 없다. 문제가 발생한 경우 팀장이나 실장 등의 중간관리자를 호출한다거나, 원장님께 말씀드린다는 등의 프로세스만 기록해도 괜찮다. 중요한 것은 우리 병원만의 규칙을 정하는 것이다.

고객과 소통할 수 있는 골든타임을 놓치지 마라

"하고 싶은 말들은 너무 많지만, 우리들의 시간이 이미 다 지나가버렸다는 걸 알고 있어요. 너무나 잘 알고 있어요."

내가 몇 번이나 돌려보았던 드라마 〈달콤한 나의 도시〉에 나온 여자 주인공이 쓴 편지 내용이다. 이별한 전 연인에게 보냈던 편지인데, 어쩐지 병원을 다녀와서 화가 잔뜩 났던 나의 마음과도 비슷하게 느껴졌다. 병원에 불만족스러움을 느낀 고객은, 병원과도 대화하려고 하지 않는다. 이것이 우리가 환자에게 지속적인 피드백을 요청하고, 소통할 수 있는 기회를 마련해야 하는 이유이다.

환자의 시간은 우리보다 빠르게 간다. 우리는 바쁘다는 핑계로 1시간이 2시간이 되고, 하루가 이틀이 되지만, 환자는 그런 우리의 서비스를 기다리다 지쳐 영원히 떠나고 만다. 환자가 떠나기 전, '제때'에 올바른 응대를 해야 한다. 올바른 응대란, 병원의 특성에 맞게 구축한 서비스가 될 수 있겠다. 이는 서비스 매뉴얼 등을 통해 시스템화하는 것이 좋다. 만약 담당 직원이 해결하지 못하는 상황이라면, 역시 '제때'에 총책임자에게 바로 전달되어야 한다.

고객들이 흔히 말하는 "사장 나오라 그래!"는 고객이 이야기하고 싶은 사람이 따로 있다는 말이다. 고객은 자신이 원하는 바를 해결해줄 수 있는 책임과 권한이 있는 사람을 원한다. 뿐만 아니라, 병원을 대표할 수 있는 총책임자에게 자신이 처한 사항을 이야기함으로써 앞으로 자신이 계속 이용할 이 병원의 시스템이 개선되기를 바란다. 병원을 떠날 사람은 애초에 말을 꺼내지 않는다. 그저 조용히 떠나면 될 걸 괜히 소란스럽게 하지 않는 것이다. 실제로 담당 직원을 난감하게 만들려는 고객은 극히 드물다. 사실 직원 한명 한명에게 관심도 없다. 일이 잘 처리되길 바랄 뿐이다.

고객은 병원의 시스템을 보고 행동한다. 가장 중요한 것은, 최종적으로 환자의 상황을 정리하고, 환자에게 감동을 주는 서비스로 '제때'에 상황이 종결되어야 한다는 것이다. 특수 고객의 맞춤 응대가 기존의 컴플레인 응대와 다른 점은, 각자 자신의 특수성을 이해하고 있으며, 불편하지만 병원의 정해진 룰을 이행한다는 점이다. 이런 고객들은 빠르고 신속한 응대보다는, 깊이 있고 진정성 있는 응대를 원한다. 맞춤 응대가 필요한 고객들이 어느 부분에서 불편했을지, 어떤 서비스를 편안하게 생각할지 고려해서, 모두가 다 누리는 서비스가 아닌, 한 고객을 위한 서비스를 시행해야 한다. 이 또한, 환자가 우리 병원에서 몸과 마음이 떠나기 전에 시행해야 효과적이다.

환자는 우리가 좋은 서비스를 할 때까지 마냥 기다려주지 않는다. 고객 맞춤 서비스는 현재 시행하고 있는 서비스의 품질에 따라 쉽게 진행될 수도 있고, 아예 시도조차 못하게 될 수도 있다. 현재 우리가 시행하고 있는 서비스를 되돌아보고, 어떤 상황에서 누가 우리 병원에 오더라도 만족할 수 있는 서비스를 기획해보자. 시작은 복잡하고 어려울 수 있지만 계속해나가다 보면, 모든 환자가 만족하는 병원이 될 수 있을 것이다.

환자 성향에 따라 달라지는 설명 스킬로 상담률을 높인다

환자에 따른 응대나 상담이 어렵다고요? 그렇다면 환자의 성별, 연령대, 성향 등에 따라 서비스의 색깔을 달리하여 적용해보세요.

나이가 어리고, 겁이 많은 환자라면 공감하고 마음을 어루만져주는 감정 서비스가 적합한 경우가 많습니다. 환자의 상황을 이해해주고, 여기에 상담자 본인의 경험을 곁들여 설명해준다면 환자는 당신의 친절에 얼어붙은 마음이 녹아내릴 거예요.

이성적인 상담을 원하는 환자라고 느껴진다면 사실적인 지표, 즉 숫자로 설명하거나 통상적인 통계 등으로 설명할 때 상담률이 올라가더라고요. 정확한 숫자를 말하는 것이 부담스럽다면, 같은 증상으로 우리 병원을 찾았던 환자들이 어떻게 치료했고 얼마나 만족했는지를 말해주는 것만으로도 도움이 됩니다.

경험이 쌓이면 더 빠르고 유연한 응대를 할 수 있답니다. 저는 앞으로도 다양한 강의를 통해 많은 분들이 조금 더 쉬운 길로 가실 수 있게 도와드리도록 하겠습니다!

3.

고객 만족의
예상 시나리오를 짜라

예측 가능한 서비스로 고객 만족을!

우리는 예상치 못한 일에 직면하거나, 급박한 상황에서 극심한 스트레스를 느낀다. 새로운 일을 시작한 지 얼마 안 된 상황에서는 출근 내내 오늘은 어떤 새로운 일이 펼쳐질까 노심초사하며 긴장을 놓칠 수 없다. 반면, 감으로도 할 수 있을 정도로 익숙해진 일은, 회사를 옮겨도 비교적 수월하게 할 수 있다. 이는 어떤 일에 앞서 예측이 가능한지, 그렇지 못한지의 차이이다. 우리가 하는 고객 만족 서비스도 예측이 가능하다면, 더 쉽고, 더 안전하게 제공할 수 있지 않을까?

환자들은 저마다의 니즈가 있기 때문에 같은 서비스로 전부 다 만족을 주기는 쉽지 않다. 하지만 접수를 하고 진료를 보고 수납을 하는 환자 동선과 플로우에 맞춰, 어디서 어떻게 서비스를 제공할 것인지 미리 정해 놓는다면 조금 더 수월하게 서비스를 제공할 수 있다. 이쯤에선 이런 질문을, 이 부분에서는 이런 말과 행동을 한다는 정확한 지침은 이후 각자의 상황에 따라 조금씩 융통성 있는 활용이 가능하다.

익숙한 상황을 만들어 능숙한 대처가 가능하도록 하라

이러한 예측 가능한 고객 만족 서비스를 위해, 매뉴얼을 활용하고, 직접 경험 혹은 시뮬레이션을 돌려보는 방법을 추천한다. 서비스의 예상 각본을 만들어보는 것이다.

먼저 환자의 동선을 정확히 파악하여 어디서 어떤 불편함을 느낄 것인지 미리 체크하고 안내하면 고객서비스가 수월해진다. 고객서비스 매뉴얼을 제작해도 좋고, 기존에 있었던 우리의 업무 매뉴얼에 고객서비스 내용을 직접 수록하며 서비스 접점을 체크해도 좋다. 전체 응대 매뉴얼이 없다고 걱정할 필요는 없다. 진료 매뉴얼이어도 괜찮고, 데스크 업무 매뉴얼이어도 괜찮다. 여기에 환자를 어떻게 응대하는지에 대한 내용만 한 줄씩 수록하면 된다.

예를 들어 진료 매뉴얼이라면, 어떤 진료를 할 때, 환자에게 어떻게 안

환자가 몰리는 병원은 서비스가 다르다

내할지 세분화하여 직원들의 말과 행동, 그리고 환자의 예측 행동을 넣어 일종의 시나리오를 만드는 것이다. 진료라는 것이 한 가지 처치만으로 끝나는 것이 아니지 않는가? 즉, 어떤 약을 바를 때, 이런 제스처로 이렇게 안내를 하고, 또는 어떤 자세를 안내할 때 어떤 말로 응대를 하는지 등등 이런 세세한 부분을 나누어주면 훨씬 훌륭한 서비스 매뉴얼이 탄생할 수 있다. 이것은 우리가 늘 하는 것들이기 때문에, 매뉴얼만 보아도 자동적으로 연상이 된다. 그 내용들을 쭉 적고 나서, 우리의 행동에 대해 다시 한 번씩 체크해보면 우리가 지금까지 제공하던 서비스도 돌아볼 수 있고, 앞으로 예측이 가능한 서비스 예상 시나리오가 탄생하게 된다.

다음은 직접 경험하는 방법이다.

나는 내가 환자였던 병원에 입사한 적이 있다. 내가 그 병원에 처음 방문했을 당시, 병원 취직은 생각도 하지 못할 정도로 바빴을 때였고, 가까운 곳에 내가 찾는 병원이 있다는 것에 감사하며 오직 환자로서 내원했던 것이다. 그곳은 신식 건물로 깨끗했고, 내가 원하는 진료를 하고 있었기에 그 병원을 선택하기까지 그리 오래 걸리지 않았다.

그런데 막상 내원을 해보니 내가 생각한 것과는 내부 이미지가 많이 달랐다. 하드웨어적인 부분은 내가 본 그대로였지만, 비꼬듯이 상담하는 상담자의 태도와, 무언가 정돈되지 않은 내부 분위기에서 내가 생각했던 따뜻하고 친절한 이미지는 찾을 수 없었다. 그렇지만 진료 자체는 만족스러웠고, 더 이상은 치료할 것이 없어 한동안 잊고 지냈다.

그러던 중 주변의 소개로 내가 환자로 갔던 그 병원에 직원으로 입사하게 된 것이다. 처음 입사가 결정되자마자, 나는 내가 환자로서 느꼈었던 안 좋은 느낌부터 빼곡하게 정리해놓았고, 부정적인 모습을 벗겨내려 애를 많이 썼다. 내가 그런 작업에 열중하는 동안, 병원의 어떤 직원도 내가 환자로서 느꼈던 그런 느낌을 알아채지 못한 채 다들 자신들의 업무를 하는 데 바빴다. 나는 그때 서비스를 제공하는 사람의 객관적인 시선이 얼마나 중요한지 다시 한번 깨달았다. 나도 그곳에 환자로 간 적이 없었다면 그 당시의 그 느낌을 퇴사할 때까지 알지 못했을 것이다. 하지만 이미 환자로 경험한 후였기 때문에 자연스럽게 내부 시스템에 대한 모니터링이 되어 있던 상태였다. 그러한 나의 경험은 내가 직접 병원 안에서 직원으로 근무하는 순간에도 소중한 자료가 되었고, 환자의 마음을 읽어내는 데 좋은 지침서가 되어주었다.

당신이 현재 직원으로 근무하고 있다고 해도 상관없다. 우리 병원을 객관적으로 알고 싶다면, 병원으로 가서 환자로 직접 경험해보아라. 대기실에 앉아서 테이블 위의 책자도 들춰보고, 환자의 입장에서 화장실도 찾아가보아라. 진료실에서 의사의 이야기도 들어보고, 진료가 끝나면 예약도 잡아보는 것이다. 직원으로 일하면서 보이지 않던 것이 보이는 신기한 경험을 할 수 있다. 테이블 위에 있는 책자의 삐뚤어진 사진과 오타, 의사의 나무라는 듯한 말투, 데스크의 부러진 볼펜과 날카로운 음성 등 사소한 부분을 보고 환자가 어떻게 느꼈을지 직접 경험해보는 것만으로도 엄청난 것들을 얻을 수 있다. 만약 병원 전체에 도움이 되고 싶다면, 직접 경험한 내용을 정리하고, 그런 상황에서 환자였던 나의 느낌이 어땠는지 적으면 병원의 서비스 개선에 물꼬를 틀 수 있게 된다.

여전히 환자의 떠나는 뒷모습만 보고 있을 것인가? 우리가 관심만 있다면, 환자를 이해하는 방법은 어디에나 있다. 내일부터라도 고객 서비스의 예상 시나리오를 만들어보자.

4.

단골은 생기는 게 아니라
만드는 것이다

얼마 전 J씨는 연 요리 전문점을 찾았다. 평상시 자주 접하지 못했던 연잎 밥과 연의 뿌리인 연근 요리가 주 메뉴인데, 10가지가 넘는 반찬은 매일 바로바로 만들어 신선하다. 게다가 서비스도 특별해서 지인들과 동행할 때마다 평이 아주 좋다. 거리는 조금 있어서 다녀오니 해가 저물었지만, 다음에는 가족들과 함께 꼭 한 번 다시 찾아야겠다고 생각했다. 그리고 J씨는 오늘도 주변 사람들에게 이 음식점을 소개하며 이렇게 말한다.

"나야 거기 완전 단골이지!"

단골이 되고 싶은 병원으로 만들려면?

이렇게 내가 먼저 경험한 것, 내가 먼저 먹어본 것, 내가 먼저 써본 것 중 만족스러워서 주변 사람들에게 설명하고 소개한 경험이 한두 번쯤은 있을 것이다. 사람들은 내가 경험한 것이 극강의 감동이나 기쁨을 주면 주변에 알리고 싶어하는 심리가 있다. 그리고 그곳을 나만의 단골로 정해놓고 꾸준히 찾는다.

단골의 사전적 의미는 '늘 정해놓고 거래를 하는 사람이나 손님'이다. 손님의 입장에서는 '늘 정해놓고 거래를 하는 장소'가 되겠다. 그런데 많은 사람들은 늘 정해놓고 가는 곳이 아니더라도 내가 좋아서 간 곳이라면 단 한 번을 갔더라도 단골이라고 부른다. 도대체 단골이라고 인정하는 기준이 무엇일까?

바로 주관적인 견해이다. 등 떠밀려 간 곳이 아니라, 내가 원하고 필요로 해서 찾은 곳이 '단골'이 되는 것이다. 거기다 기분 좋은 서비스, 즉 고객 만족에 부합된다고 느끼고 주변에 떳떳하게 소개해줄 수 있는 경우, 자신을 '단골'이라고 부르며 여기저기 알리고, 소개한다.

이런 상황을 병원에 대입해보자. 환자가 아파서 자주 오는, 환자의 집에서 100미터 남짓의 거리에 위치한 우리 병원. 환자들은 우리 병원을 단골이라고 생각하고 있을까? 치료한 횟수가 열 번이 넘어갔어도, 환자는 그저 '가까워서 가는 병원' 정도로밖에 생각하지 않을지도 모른다. 왜 두 번밖에 안 간 음식점은 단골이고, 열 번이나 왔던 우리 병원은 그저

'가까운 병원'이 되는 것일까?

　병원과 음식점은 비교 대상이 될 수 없다고 생각한다면 아마추어적인 발상이다. 한 번을 왔더라도 우리가 어떻게 응대하느냐에 따라 환자를 '단골'로 느끼게 만들 수 있다. 병원은 보통 아파서 치료를 받으러 오는 곳으로, 기분 좋은 마음으로 방문하지 않을 확률이 크다. 기쁜 마음 대신 걱정되고, 긴장되고, 심한 경우 공포심까지 느끼면서 무거운 발걸음을 하게 되는 곳이다. 이런 환자들에게 우리가 하는 행동들은 매우 민감하게 받아들여질 수 있다. 불편은 더 큰 불만으로, 친절은 더 큰 감동으로 느끼는 것이다.

　초진으로 온 환자가 겁에 질려 묻는 말에 대답도 잘 못하고 있다고 가정해보자. 우리는 매일 병원을 가지만, 진료를 받는 것이 아니기 때문에 '병원'을 보는 시선은 다를 수밖에 없다. 즉, 병원이 환자 입장에서 얼마나 '무서운 곳'인지 그들만큼 느끼지는 못한다. 그렇기 때문에 매일 강도 높은 수술을 하는 환자들 사이에서, 검진도 하기 전에 벌벌 떠는 환자를 한심한 눈으로 바라보기 일쑤이고, 빨리 접수를 끝내고 다른 일을 해야 하는 나에게 시련을 주는 대상이 되기도 한다. 그런 환자에게 "많이 걱정되시죠? 여기까지 오신 것만으로도 큰일 하셨어요. 이제는 저희가 함께 도와드릴게요." 등의 따뜻한 말 한마디는 환자가 용기를 얻고 치료를 시작하게 할 수 있다.

따뜻한 말 한마디가 우리 병원의 단골을 늘린다

내가 예전에 근무했던 병원의 환자들은 가족들에게 소개하는 일이 많았다. 소개를 받은 환자가 "남편이 잘한다고 해서 왔어요." 하면서 지인 소개란에 이름을 적으면, 나는 재빨리 환자분의 차트를 훑어본다. 그리고 소개받아 오신 환자분을 반갑게 맞이한다.

"아, 홍길동 님 배우자 분이시군요. 안 그래도 홍길동님께서 배우자 분 치료해드려야 한다고 말씀 많이 하셨거든요, 언제 오실까 기다리고 있었어요."

어렵지 않은 말 한마디이지만, 실제로 위와 같은 응대는 가족 환자를 비롯한 소개 환자의 기분을 편안하게 해준다. '내가 소개로 온 것을 알고 있구나.'라는 사실 하나만으로도 좀 더 신뢰를 갖고 진료에 임하게 된다. 환대를 받으면 기분이 좋고, 즐거운 마음으로 병원을 방문하며 환자 스스로 '단골'이라고 느끼게 된다. 그리고 이 좋은 기분을 다른 사람들에게도 전달하고 싶어 입소문을 내고, 주변에 계속해서 소개를 하게 된다.

'단골'이라는 말 안에는 고객의 애정이 깃들어 있다. 내가 자주 이용하는 장소이기도 하지만, 다른 사람들에게 소개해도 부끄럽지 않은 곳, 그렇기 때문에 "나한테는 못해도 내가 소개해준 ○○○한테는 잘 해줘~." 라고 속삭일 수 있는, 내가 특별하게 생각하는 그곳이 바로 나의 '단골'인 것이다. 우리가 먼저 환자들을 '단골'로 대해보자. 병원의 '단골'은 우리가 만든다.

환자가 몰리는 병원은 서비스가 다르다

단골집은 반드시 단골손님을 알아본다

저는 환자들을 알아보기 위해 많은 노력을 했습니다. 환자가 들어서자마자 이름을 불러주기 위해서였어요. 다행히 저에게는 사람 얼굴을 한 번만 보면 외울 수 있는 능력이 있었습니다. 그리고 도저히 외워지지 않는 분들은 따로 연상을 하면서 이름을 기억해내거나, 따로 인상착의를 적어두었죠. 그런데 문제가 생겼어요! 출산을 하니 기억력이 절반 수준으로 감퇴되더라고요. 그래서 저는 두 배 이상으로 노력합니다. 환자들의 얼굴 사진을 찍거나, 기억할 수 있는 상황을 적어 유추할 수 있는 장치를 걸어놓는 것입니다.

환자가 들어오실 때 반갑게 이름을 불러주세요. 어디를 가든, 나를 알아주는 것만큼 감동적인 서비스는 없습니다.

5.

위기를 기회로 바꾸는
'불만고객응대' 3단계 법칙

아무리 훌륭한 서비스를 제공하고 있는 기업이라고 하더라도, 불만 고객을 피하는 것은 불가피하다. 100에서 하나만 잘못해도 0이 되는 것이 서비스 공식이라고 했던가? 지금부터 그 치명적인 −1을 결정적인 −1로 만들 수 있는 '환자 컴플레인 해결법'을 소개한다.

불만고객응대의 3가지 순서

① 환자의 상황 알기
② 환자의 이야기 직접 듣기

③ 우리의 입장 설명하기

고객의 컴플레인은 크게 3가지 순서를 거쳐 해결한다. 어떻게 응대하면 좋을지 단계별로 알아보도록 하자.

첫 번째, 환자의 상황 알기

먼저 환자의 상황을 체크하는 것이다. 이때, 환자가 컴플레인을 하게 된 정황이 파악되어야 한다. 당연하다고 생각할 수 있는 이야기이지만, 급박한 상황에서는 아무것도 모르는 헤드급 직원이 무작정 투입되는 경우가 상당수 있다. 그럼 정황을 파악하지 못한 책임자가 할 수 있는 이야기는 병원의 입장을 대변하며 환자의 이야기를 부정하거나, 환자에게 저자세로 무한 사죄하거나 둘 중 하나밖에는 없다. 이 결과 일시적으로 상황이 어영부영 무마될 수는 있겠으나, 근본적으로 환자가 답답했던 부분을 해결하지도 못하고 우리 병원의 문제점도 객관적으로 해결할 수 없게 된다. 그렇기 때문에 어느 시점에 누가 처리를 하더라도, 정확한 상황을 면밀히 관찰하고 파악해야 한다.

두 번째, 환자의 이야기를 직접 듣기

환자의 입에서 하는 이야기를 직접 듣지 않으면 우리 병원의 문제점도 파악되지 못할뿐더러 환자가 정말 화가 난 포인트도 알 수 없다. 우리가 환자의 컴플레인 원인을 지레짐작하는 것은, 불만 고객 응대에 되레 안 좋은 영향을 끼칠 수 있다. 환자의 이야기를 직접 들어보면 의외로 우리가 생각하지 못했던 부분에서 기분이 상한 경우를 발견하게 된다. 환자의 이야기를 들어본 후 잊지 말아야 할 중요한 점은 환자에게 충분한 공감을 할 수 있어야 한다는 점이다. 잠시나마 환자의 입장이 되어보고, 그 당시 불편할 수 있었을 부분을 확인하여야 한다. 이것은 환자 공감을 위해 꼭 필요한 부분이다.

　이런 확인 단계를 거치면, 첫 번째 단계에서처럼 책임자가 나타나 무작정 불꽃을 진압하려고 했던 상황과는 전혀 다른 응대가 된다. 첫 번째의 상황에서 환자가 '이 사람은 뭘 안다고 갑자기 나와서 나한테 이래?'라고 생각한다면, 두 번째의 상황은 '이 사람은 나와 말이 통하는 사람인가?'라고 생각하고 솔직한 본인의 심정을 나누게 되는 것이다. 본인의 입장을 설명하는 환자의 시점에서 환자에게 충분한 공감을 하고, 그 상황 속 환자에게 이입해본다. 그리고 병원의 시정되어야 할 부분을 바로바로 기록해놓아야 추후에 다른 컴플레인을 막을 수 있다.

　세 번째, 우리의 입장 설명하기

　정확한 상황을 확인했고 환자의 이야기를 직접 들었다면, 그 다음엔 컴플레인 해결의 핵심이라고 할 수 있는 우리의 입장, 즉 병원의 입장을 설명해야 한다. 환자의 감정만 달랬다고 컴플레인이 해결된 것은 아니다. 앞으로의 피드백이 있으면 환자는 이런 상황이 있었다고 해도 노력하는 병원, 발전하는 병원으로 받아들이고 계속해서 내원하게 될 수 있

　　　　　　　　환자가 몰리는 병원은 서비스가 다르다

다. 이것이 위기를 기회로 바꿀 수 있는 중요한 열쇠이다. 불만을 표출한 적이 있었다고 해서, 전과가 있는 불편한 환자로 인식하고 환자에게 벽을 두는 것은 현명한 대처가 아니다.

흔히 병원 내 불만 환자 응대 교육에서, '컴플레인 환자를 충성환자로 만들라'는 얘기를 한다. 컴플레인을 한다는 것은 우리 병원에 관심이 많다는 뜻과 일맥상통한다. 대부분의 사람들은 문제가 발생해도 '다음에 안 와야지.' 하고 조용히 방문하지 않는다. 하지만 어떤 상황에 대해 불만이라고 말하는 사람은 그 부분만 해결이 되면 관계가 개선될 수 있다. 이때 우리의 태도가 정말 중요하다. 위의 3단계를 거치며 응대한다면 충분히 다시 예전과 같은 관계로 회복될 수 있다.

병원의 입장을 환자에게 설명하는 단계는 매우 중요하지만, 민감할 수 있는 부분이기에 주의하여야 한다. 이 시간은 결코 '변명의 시간'이 되어서는 안 된다. 무엇 때문에(What), 무슨 이유로(Why) 환자에게 그렇게 행동하게 되었는지를 충분히 설명해서 납득시키는 것이 이 단계의 핵심이다. 그렇다면 이 단계를 어떻게 설명해야 바람직한 응대로 이어질 수 있을까?

미국의 제16대 대통령인 링컨(Abraham Lincoln)이 1863년 펜실베니아 주에서 남긴 게티즈버그 연설(Gettysburg Address)속의 "…of the people, by the people, for the people……"처럼 우리도 '환자의, 환자에 의한, 환자를 위한' 것임을 강조해야 한다. 우리 병원의 방침과 진료 철학, 목표 등으로 의해 상황이 진행되었고 그것이 모두 환자를 위한 것임을 이야기하며, 실수나 착오가 아니었음을 명확히 한다. 다시 그 상황이 되어도 그렇게 할 수밖에 없다는 신념의 표현이다.

예상 치료기간보다 더 길어지면서 환자가 컴플레인을 한다고 가정해 보자. 이런 경우 "시간이 너무 오래 걸려서 힘드셨을 거다. 예상했던 시간보다 길어지게 되어 유감이다."라는 환자의 상황에 대한 공감과 정중한 사과가 필요하다. 간혹 언쟁이 붙으면, '나는 잘못한 게 없으니, 미안하다는 말은 절대 할 수 없다.'라는 사람들도 있다.

하지만 여기에서 '미안하다, 죄송하다'의 의미는, 환자의 마음이 상한 것에 대한 공감과 위로의 표현이다. 3단계에 걸쳐 응대를 하는 목적 자체가 환자로 하여금 사건의 당위성, 즉 '이렇게 될 수밖에 없었음'을 알게 하는 데 있기 때문에 처음에는 충분히 공감하고 인정하는 자세가 필요하다. 그렇게 환자와 충분한 감정을 나눈 후에, 환자의 치아는 어떤 상황이 있었는지, 그래서 우리는 어떤 치료를 하게 되었는지, 치료 중 어떠한 문제로 인해서 치료가 빠르게 끝날 수 없었는지에 대해 사실에 입각한 정보를 전달한다.

그리고 다음 단계에서 환자의 불만 사항에 대한 병원의 입장을 표명하는 것이다. 이를테면 "아직 ○○님의 통증이 잡히지 않은 상태에서 섣불리 마무리할 수가 없었습니다. 그렇게 했다가는 오히려 더 큰 문제가 발생할 수 있어요. 병원에 자주 내원하는 불편함을 감수하더라도 지속적인 체크가 필요한 상황이었습니다." 등의 사실을 전달하는 것이다.

불만고객응대는 고객을 이기는 것이 아니라 이해하는 것으로부터 시작된다

우리가 하는 업무는 주로 사람들을 만나며 이루어진다. 그러다 보니 실수를 하는 경우도 있고, 오해가 생기는 경우도 있다. 만일 실수가 있었다면, 정당화하거나 감정적으로 응대하지 않고 고객을 인정하는 자세가 필요하다. 환자에게 언성을 높이며 응대할 필요가 없다. 그렇다고 무조건 납작 엎드리라는 말도 아니다. 그저 우리의 역할은 환자를 위한 의료 서비스 제공이라는 것을 잊지 말고, 환자를 이기려는 자세가 아닌, 이해하고 인정하는 자세가 필요한 것이다.

단순히 치료만 잘 끝났으면 좋겠다고 생각하며 병원을 찾았던 그 환자도 이 한마디를 하기 위해 큰 용기를 내었을 수 있다. 공감과 이해를 바탕으로 한 불만 고객 응대는 위기를 기회로 바꾼다.

Part.4

고객감동 서비스, 결국 직원이 답이다

-

병원에 감동하는 직원이 고객을 감동시킨다

1.

병원의 철학과
목표를 공유하라

몇 년 전, 내가 근무했던 병원의 원장님은 경영적으로 굉장히 깨어 있는 분이었다. 시간이 지나 그 시절 근무하며 계획과 업무를 정리했던 노트를 보게 되었다. 나는 그날 당장 원장님께 연락을 드려 많은 것을 배울 수 있게 해주심에 감사하다는 인사를 드렸다. 내 노트에는 병원에서 많이 하는 일반적인 업무들과 함께 병원에서 많이 다루지 않는 경영업무와 마케팅 업무들까지 빼곡하게 적혀 있었다. 그 당시를 회상하며 나는 병원에서 꼭 해야 하지만, 잘 하지 않고 있는 일을 했던 기억을 떠올렸다.

나는 병원의 중간관리자로서 여러 업무를 하고 있었다. 그 당시 내가 한 업무 중 기억에 남는 것이 하나 있다. 바로 병원의 신념과 철학, 목표,

핵심 가치 등이 적힌 포스터를 제작한 일이다. 아마 아직도 그 병원에 가면, 모든 환자와 직원들이 가장 많이 드나드는 병원 복도에 걸려 있는 멋진 액자 속 그 포스터를 볼 수 있을 것이다. 당시에는 내가 하는 업무에만 몰두하느라 그 중요한 작업의 이유를 직원들에게 많이 알려주지 못한 것 같다는 생각이 들었다. 그땐 생각지도 못했던 일인데 컨설팅과 교육을 하면서 다시 한번 되돌아보니 아쉬움이 남는다. 내가 그 부분을 좀 더 기민하게 파악했었다면, 그리고 그 중요성과 목적을 직원들에게 잘 설명해주었다면, 직원들은 조금 더 병원에 애착을 가지고 자랑스럽게 근무를 할 수 있지 않았을까.

철학과 목표를 분명히 하여 병원의 콘셉트를 정하라

내가 이렇게까지 생각하는 데에는 이유가 있다. 모든 일을 시작하기에 앞서 '목적의 설정'은 매우 중요하기 때문이다. 미국의 소설가 워싱턴 어빙(Washington Irving)은 "위대한 이들은 목적을 갖고, 그 외의 사람들은 소원을 갖는다"고 했다. 그저 뜬구름 잡는 식의 소원이 아니라, 내가 이룰 수 있는 목적과 목표가 명확히 설정되어야 하는 것이다.

우리는 'ㅇㅇ병원'이라는 같은 공간 속에서, 같은 환자를 위해 근무한다. 그렇지만 어떤 생각을 하면서 환자에게 서비스하는지는 서로 이야기를 나누어본 적이 없다. 아마 많은 병원에서 그냥 자신의 방법대로, 알아서, 눈치껏, 그저 흘러가는 대로 근무할 것이다. 이렇게 되면 문제가

환자가 몰리는 병원은 서비스가 다르다

생긴다. 서로 다른 신념과 목표를 가지고 완전히 다른 서비스를 제공하게 되는 크나큰 문제 말이다. 컨설팅을 의뢰하는 병원을 보면 대부분 병원의 철학과 목표가 명확하지 않아서 오류가 발생하는 경우를 많이 보게 된다. 혹은, 경영자 혼자만 알고 있을 뿐 전 직원에게 공유가 되지 않아, 서로의 생각 차이로 인한 문제점이 발생하기도 한다. 심지어 같은 병원을 근무하는 공동대표 경영진들의 철학과 목표가 각기 다른 경우도 보았다. 일단 우리 병원의 철학과 목표를 정하는 것이 우선이다. '병원이 다 똑같지.'라고 생각하고 있는가? 병원이라고 해서, 모든 사람들이 같은 의료 서비스를 제공하고 싶어하지는 않는다. 어떤 곳은 호텔 같은 서비스를 표방하고 싶어하는 곳도 있을 것이고, 어떤 곳은 진근한 서비스를 제공하고 싶어하는 곳도 있을 것이다. 정직한 진료를 내세우는 곳도 있을 것이고, 빠르고 편안한 진료를 어필하는 곳도 있을 것이다. 이런 것에 따라서도 병원의 콘셉트와 방향성이 여러 갈래로 나뉠 수 있다.

우리가 어떤 서비스를 어떻게 제공할지에 대해서는 신념과 철학, 핵심 가치 등이 목표지점으로 바르게 갈 수 있는 이정표가 되어줄 것이다. 세부적으로 분야를 나누어 생각해보면, 원하는 병원의 색깔이 조금 더 뚜렷하게 나타날 수 있다.

시간을 들여 철학과 목표를 공유하라

병원의 철학과 목표를 명확히 했다면, 이제는 우리 병원의 구성원 모두에게 그 내용을 공유할 차례이다. 가끔 원장님들은 직원들에게 충분히 설명을 했다고 생각하지만, 직원들은 전혀 모르는 경우가 많다. 내가 근무했던 곳의 상황도 마찬가지가 아니었을까 싶다. 병원의 신념과 철학, 목표, 핵심 가치까지 그렇게 잘 보이는 곳에 걸어두었으면 당연히 그 의미를 안다고 생각할 수 있다. 하지만 직원들은 정작 그 의미에는 크게 관심이 없고, 그 내용을 굳이 그렇게 크게 적어두는 것부터 이해가 되지 않을 수 있다. 전 직원이 하나로 뭉치기 위해서는 한배에 올라타는 과정을 거쳐야 한다. 그것은 다름 아닌, 소통하는 것이다. 이 시간은 매우 의미 있는 시간이 될 것이다. 내가 근무하는 곳의 철학과 목표를 알면, 환자에게 서비스하는 데 매우 큰 도움이 될 수 있다는 것을 스스로 깨달아야 한다. 사소한 것일지라도 난관에 부딪혔을 때 병원의 철학과 목표를 아는 이와 모르는 이는 각각 다른 선택을 할 수밖에 없다.

직원 관리를 하면서 직원들과 면담을 해보면, 잘 보이지 않던 많은 것이 보인다. M병원의 직원 C는 입사한 지 얼마 되지 않아 아직 병원의 시스템을 익히고 있는 중이었다. 내가 이 직원을 면담하게 된 이유는, 기존에 있던 다른 직원들의 건의 때문이었다. C직원의 실수가 여전히 많고, 나아지지 않는다는 이유였다. 면담을 해보니, 이 직원은 아직 원장님들의 스타일이 너무 헷갈린다고 했다. 그 병원은 공동 경영진이 여러 명인 곳이었는데, 경영진의 진료 성향과 성격이 매우 짙고 상이했다. 신입직원의 입장에서는 충분히 혼란스러울 수 있을 법한 이야기였다. 기존직원

환자가 몰리는 병원은 서비스가 다르다

들은 오래 했기 때문에 저절로 익히게 된 병원의 색깔을, 신입직원 입장에서는 알아채기 어려웠던 것이다. 이 직원과 면담 후, 병원 전체에 해당 병원의 철학과 비전을 공표하기로 하였고, 원장님별 진료 특이사항을 공유했다. 기준이 명확해지니 직원들은 업무 중에 생기는 선택의 기로에서 보다 현명한 판단을 할 수 있게 되었다.

직원이 소통하면 고객은 만족한다

병원이라는 곳은 유기적으로 시스템이 연결되어 있고, 환자는 그 모든 집점을 한 번씩 거치게 된다. 그렇기에 컨설팅을 비롯해 모든 병원이 함께 발전하기 위한 기본은, 병원의 철학과 목표를 공유하는 것에서부터 시작된다. 병원의 구성원이 어떤 직책과 업무를 맡고 있건, 병원의 철학과 목표를 잘 알고 있다면 그들은 함께 같은 곳을 향해 나아갈 수 있다.

아무리 작은 병원이라도 이를 제대로 알지 못하면, 각기 자신만의 방법으로 고객을 응대하게 되고, 그 피해는 고스란히 환자에게 가게 된다.

병원의 철학과 목표를 공유하는 것은, 병원을 이루는 구성원들과 나누는 첫 번째 활동이 되어야 한다. 병원에 액자로 크게 걸어두었다면, 아침 조회시간에 함께 외치고 나누는 시간을 가져보자. 만들어둔 게 없어도 좋다. 직원들과 함께 만들어나가다 보면 우리 병원만의 문화가 만들어진다. 중요한 것은 함께 공유하는 것이다. 그 뜻을 명확하게 알 때까지 소통하는 시간을 가지자.

2.

포지셔닝을 통한
업무와 역할을 명확히 하라

정확한 역할 분담으로 업무의 혼선을 줄여라

컨설팅을 의뢰한 M병원에 모니터링 요원으로 방문했을 때의 일이다. 초진 환자의 응대를 확인하기 위해 리셉션을 주로 관찰하고 있었는데, 진료실에서 데스크로 무언가를 요청하러 나오는 직원의 모습을 발견할 수 있었다. 데스크 앞에 서서 직원이 무언가 말하자 리셉션 팀장은 십 리 밖까지 나온 입을 내밀고 투덜대며 다급하게 종이를 들고 원장실로 뛰어 들어가는 것이 아닌가.

예측할 수 없는 상황을 지켜보다가 리셉션 직원에게 확인을 해보니,

환자가 몰리는 병원은 서비스가 다르다

이따금 진료실에서 원장님께 확인해야 할 처방 목록을 가지고 나와 본인들에게 확인을 해보라고 이야기한다고 했다. 진료실이 바쁜 건 이해하지만 매번 당연한 듯이 부탁을 들으면 기분이 좋지 않다는 입장이었다. 자세한 내막을 알기 위해 진료실을 관찰하며 내용을 파악해보았다. 진료실 직원은 리셉션 직원과 완전히 다른 말을 했다. 환자 처방 업무를 리셉션에서 확인해야 하는데, 종종 누락된 부분이 발견된다고 한다. 그때마다 진료실 업무가 아니지만 확인해준다는 것이다.

이 이야기에서 무엇이 느껴지는가? 병원 전체 상황을 둘러보지 않아도, 이 한 사례만 봐도 각 부서의 정확한 역할의 업무가 분리되지 않아서 혼선이 빚어진 것을 알 수 있을 것이다. 극히 일부의 매우 황당한 상황처럼 보이지만 실제로 병원을 관찰하다 보면, '어떻게 이 상태로 계속 일을 해왔지?'라고 생각되는 이해할 수 없는 상황들이 곳곳에서 관찰된다. 병원 구성원 모두가 알지 못하는 업무의 구멍이 생기는 것이다. 어쩌면 우리들의 직장 내에서도 아무도 인지하지 못한 채 이런 일들이 벌어지고 있을 수 있다.

위와 같은 문제점이 생기지 않도록 미연에 방지하려면, 업무와 역할, 그리고 업무 분담에 대해 짚고 넘어갈 필요가 있다. 우리는 업무와 역할이 같은 것이라고 생각하는 경우가 많지만, 이 두 단어는 엄연히 다르다.

업무의 사전적 의미는 '직장 같은 곳에서 맡아서 하는 일'이며, 역할은 '자기가 마땅히 하여야 할 맡은 바 직책이나 임무'를 말한다. 쉽게 말하면, 수행해야 하는 것이 업무이고, 내가 해야 하는 일의 범위까지 규정해 줄 수 있는 것이 역할이다.

과도한 열정은 금물! 담당자의 역할이 우선이다

컨설팅을 진행하다 보면 남들보다 월등히 많은 일을 하는 직원을 만나는 경우가 있다. 도움을 주러 간 입장에서 그렇게 열정이 넘치는 직원들을 보면 반가운 것이 사실이다. 하지만 조금 깊이 들여다보면 그런 직원들은 다른 사람들을 불편하게 만드는 경우도 상당수이다. 어찌 보면 네 업무, 내 업무 구분하지 않고 열심히 하는 모습이 기특하게 보일 수 있다. 하지만 막상 그 업무를 하는 당사자의 입장에서는 '도를 넘는 행위'로 보일 수 있다. 상사로서는 자신이 해야 할 업무까지 넘보는 것 같아 기분이 나쁘고 심각한 업무 피로감을 느끼게 될 수 있다. 역할에 대한 확실한 기틀이 정립되지 않으면, 당연히 내 업무도 모호해질 수밖에 없다. 일단 나의 역할을 명확히 설정해야 한다. 이때 고려할 점이 있다.

우선 내가 근무하는 직장을 파악하고 주변을 둘러볼 수 있어야 한다. 나는 누구를 위해 이 일을 하는가? '목적'에 대해 생각하는 것이다. 선생님은 학생들을 위해 가르치고, 아파트 경비원은 주민들의 안전을 책임지는 것처럼, 우리는 환자를 위해 근무하고 있다는 것을 인지하고 환자를 면밀히 관찰해야 한다.

그 후에는, 나의 포지션 접점에서 무엇을 해야 하는지 인지해야 한다.

환자가 몰리는 병원은 서비스가 다르다

환자가 거쳐가는 접점을 담당하는 직원의 업무를 파악해야 올바른 인지가 가능해진다. 이 파트에서는 환자와 마주하더라도 그에 관한 담당자가 따로 있지는 않은지도 꼭 확인해보아야 앞서 이야기한 문제가 생기지 않는다. 만약 내가 맡은 업무가 다른 부서와 연결되는 부분이라면 나는 어디까지 업무를 하고, 다른 부서에서는 어떻게 그 업무를 전달받아서 연결할지 정리가 되어야 한다. 그렇지 않으면 누락이 되거나, 네 일, 내 일 하면서 갈등 상황이 벌어질 수 있다.

포지셔닝을 통한 업무와 역할 찾기

직원의 업무를 확인했다면, 환자의 입장에서 생각해보아야 한다. 환자가 어떤 행동을 하는지 확인하고, 그 행동에 따라 난관에 부딪히는 상황을 고려하면서 전문적인 지식을 토대로 안내할 수 있는 방안을 고민해보는 것이다. 여기에서 전문적인 지식이란, 환자가 의문을 가질 수 있는 부분에 대한 답이라고 할 수 있다. 환자는 병원에 들러 수많은 접점을 거친다. 그만큼 병원에는 수많은 직업의 구성원들로 이루어져 있는 것이다. 우리가 모든 환자의 질문에 대한 해답을 찾을 수는 없겠지만, 나의 포지션과 역할을 잘 생각해보면 내가 알아야 하는 전문지식의 범위를 파악할 수 있을 것이다.

간단한 예로, 길을 가던 환자가 진료 과의 위치를 몰라 헤매고 있다거나, 몸이 불편한 환자가 도움을 요청할 때, 환자가 예약에 대한 문의를 하거나, 보호자가 환자의 상태를 궁금해하는 상황처럼 내가 근무하는 범위에서 매일 일어나고 있는 일들이 내가 해결할 일이고, 환자가 필요로 하는 일이다. 그 외 예약을 하거나 접수, 수납을 하는 업무는 데스크 파트의 업무다. 그런 경우 데스크에서 진행할 수 있도록 안내해주면 된다.

이처럼 내 포지션 접점에서 일어날 수 있는 일들을 예상하고 최선의 응대를 위해 필요한 지식을 사전에 체크해둔다면 자연스레 나의 업무와 진짜 나의 역할을 설정할 수 있다. 올바른 역할 수행은 자신의 업무에 사명을 더하여 책임감을 가졌을 때 비로소 가능해진다.

업무와 역할의 설정 및 수행에 대해 알아보면서, 우리는 새로운 개념 하나를 더 인지하게 되었다. 바로 '포지션'이다. 이 포지션을 설정하는 포지셔닝은 병원 내 조직 관리와도 밀접한 연관성을 가진다. 포지션이란, '각자의 위치'를 뜻하는데, 포지션이 정확할 때 나의 업무에 대한 확신이 생기게 된다.

많은 병원들이 직원 관리를 할 때, 위와 같은 어려움을 직면하게 된다. 부서가 나누어져 있을수록 소통의 어려움이 생기고, 결론적으로 업무와 역할, 포지셔닝, 조직관리 등에서 어려움을 보이곤 한다. 상황이 이렇다 보니, 대학병원처럼 규모가 큰 경우에는 포지셔닝이 쉽지 않고, 내 역할도 아닌 업무에 치여 누락되는 업무가 많아지는 것을 확인할 수 있었다. 결국에는 자신이 있는 포지션에서 도대체 무슨 일을 어디까지 해야 하는 것인지, 역할을 설정하는 것부터 막막해지는 것이다.

환자가 몰리는 병원은 서비스가 다르다

역할 설정은 업무 효율을 위해 필수적이기도 하지만, 병원 전체의 유기적인 프로세스가 원활하게 돌아가기 위해서는 빠질 수 없는 작업이다. 직원은 서비스를 행하는 주체가 되고, 직원 관리는 이 서비스가 막힘없이 진행되도록 업무와 역할을 명확하게 나누는 것에서부터 시작된다. 업무 분담을 통한 수행도 중요하지만, 각자의 역할을 정확히 알고 행하는 것이 포지셔닝, 직원 관리의 핵심이다.

당장 나의 역할을 스스로 점검해보자. 그리고 나의 역할을 충족하지 못하는 업무와 역할을 벗어난 업무를 확인해보도록 하자. 이는 본인에게도 스트레스가 되지만, 다른 이들에게도 큰 영향을 미치고 있을 수 있다. 직원별로 자신의 업무를 기록하고, 연결되는 집점에서의 업무도 기록해보자. 그리고 그 업무를 직원들이 모두 수행하고 있는지, 누락된 것은 없는지 체크해보면, 분명 새는 곳을 발견할 수 있을 것이다. 각자의 역할을 명확히 할 때 더 좋은 서비스를 제공할 수 있다는 것을 잊지 말자.

3.

혼자 가면 빨리 가지만,
같이 가면 멀리 간다

    나는 초등학교 때부터 조별 과제를 참 좋아했다. 조별 과제를 하면 혼자 하는 것보다 더 재미있게 공부가 되는 것 같았고, 토의를 하면서 괜찮은 아이디어들이 샘솟았다. 각자의 집중력에 한계가 오더라도 서로 독려하며 이끌어갈 수 있었다.

    대학생이 되니 처음 보는 사람들과도 조별 과제를 하게 되었다. 나는 공대를 다니고 있었는데, 내가 본래 익숙했던 분야가 아니라 대학에 들어와서 새로이 접하는 다소 생소한 분야였기 때문에 어렵고 힘들다고 느껴지는 부분도 많았다. 그렇지만 이 또한 조원들의 도움으로 극복하고 성장할 수 있었다. 방향성을 잃었을 때도 든든한 조원들이 있어 다시 제

환자가 몰리는 병원은 서비스가 다르다

자리를 찾을 수 있었고, 각자 자신이 잘하는 분야에 대해 의견을 펼치며 서로가 서로에게 배울 수 있게 되었다.

그리고 사회인이 된 지금, 나는 '같이'의 '가치'를 믿는 어른으로 성장했고, 여전히 함께 성장하는 것을 즐긴다. 내가 대표로 있는 병원전문 강의 기업 덴시스(Denx's)도 내가 믿는 동료와 함께 운영하고 있다. 다른 일과 병행함에도 불구하고, 우리는 이 사업에 애착을 버리지 않는다. 서로가 여러 가지의 직업을 갖게 되면서 나는 '함께여서 다행이다.'라는 생각을 많이 했다. 매일 밤을 지새우다시피 하였지만 '포기'라는 생각은 전혀 하지 않았다. 그저 충실히 내실을 다지며 좋은 아이디어를 응집시킬 수 있었다. 이 모든 것은 '혼사가 아닌 우리'이기 때문에 가능했다고 생각한다.

혼자가 아니기에 이룰 수 있는 것들이 있다

내가 좋아하는 명언 중에 '혼자 가면 빨리 가지만, 같이 가면 멀리 간다.'라는 말이 있다. 이는 아프리카 속담 '빨리 가려면 혼자 가라. 멀리 가려면 함께 가라. 빨리 가려면 직선으로 가라. 깊이 가려면 굽이 돌아가라. 외나무가 되려거든 혼자 서라. 푸른 숲이 되려거든 함께 서라.'라는 말에서 유래되었다. 조직 공동체 속에 살고 있는 우리는, 마치 조별 과제를 하는 조원들과 같다. 조직을 이루는 구성원들은, 함께 토론하고 소통하고 공감하고 의견을 나누며 서로에게 영감을 준다. 그리하여 최종적으로는 자신을 포함한 구성원 개개인에게 자존감과 행복감, 회사라는 집단에 소속되어 애사심을 느낄 수 있게 하고, 함께 성장할 수 있는 동기를 부여할 수 있게 만든다.

이 모든 것은 자기 자신과 다른 사람을 채워줄 수 있는 상호 보완적인 관계에 기반을 둔다. 상호 보완적인 관계는 조직 생활에 꼭 필요한 요소이다. 직장 구성원들끼리 서로 부족한 부분을 채워주면서 직장과 직원이 함께 성장하는 것을 가능하게 만들어주는 것이다. 그렇다면 우리의 직장인 병원에서, 동반 성장이 가능한 문화는 어떻게 구축되고 있을까?

함께 멀리 가기 위해서는 각자의 삶을 존중해주어야 한다

요즘 직장인들은 각자의 삶을 굉장히 중요하게 여긴다. 일은 일이고, 내가 하고 싶거나 갖고 싶은 것도 놓지 않고 해야만 한다. 또 평생직장이 사라지면서 평균수명이 길어진 지금 어떻게 살아야 할 것인가에 대한 고민도 많아지고 있다. 그러다 보니 혼자 하는 사업을 꿈꾸는 사람들이 많아지고, 실제로 1인 창업을 하는 비율도 늘어났다.

그럼 직장에 취직을 원하는 구직자들은 어떨까? 워라밸 등의 근무 시간을 철저히 계산하여 근무지를 결정하고, 개인적인 취미생활을 할 수 있는 직원 복지에 대해서도 구체적으로 고민한다. 직원들의 단합과 애사심이 성장에 기여하는 바가 큰 것을 알고 있는 기업이나 병원 등의 직장에서는 직원들의 니즈도 충족시키면서, 직장도 함께 성장할 수 있는 복지 환경을 만들기 위해 노력한다. 직장을 이루는 기본 요소인 직원들의

환자가 몰리는 병원은 서비스가 다르다

체력에 기본이 되는 건강 증진 프로그램 등이 바로 그것이다. 지원 가능한 운동 종목을 정하여 매달 일정 금액의 운동비를 지원해준다거나, 여건이 된다면 병원 내에 피트니트 센터를 만들기도 한다. 몸에 좋은 식사를 위해 구내식당을 운영하여 영양 비율을 맞춘 식사를 끼니마다 낸다거나, 든든한 아침 식사를 제공하는 곳도 있다.

뿐만 아니라 저녁이 있는 삶을 선호하는 직장인들을 위해 워라밸도 함께 조율한다. 워라밸은 '워크라이프 밸런스(work-life balance)'를 줄여 이르는 말로 일과 개인의 삶 사이의 균형을 이르는 것인데, 특히 Z세대의 구직자들은 직장을 선택할 때 이를 고려하여 선택하는 비중이 점점 높아지고 있다. 워라밸을 중요시하는 직원들은 저녁 시간에 본인이 원하는 개인 생활을 영유하기를 원하여 일명 '저녁이 있는 삶'을 꿈꾼다. 이 워라밸을 조정하는 직장의 경우, 워라밸을 맞춰 모든 병원 구성원들의 근무 집중도를 높이고, 일의 효율성을 도모한다.

이전에는 회사가 이끄는 대로 구성원이 따라오기를 기대하고, 그렇지 못하면 직원이 낙오되는 구조였다면 이제는 시대가 완전히 바뀌었다. 개개인이 뚜렷한 목소리를 내게 되었고, 각자의 개성을 중시하여 한 명 한 명의 의견을 존중하는 사회 풍토가 만들어졌다. 의견은 받아들이되 융합하여 함께 갈 수 있는 문화를 이룩한다. 사회는 이렇듯, 시대에 맞춰 함께 도약하기 위한 준비를 끝마치고 있다. 혼자 빨리 가는 것이 아니라, 함께 멀리 가는 것이 중요하다는 것을 알기 때문이다.

개개인의 마인드를 바로 세워야 조직이 탄탄해진다

함께 가기 위한 직원문화는 어떻게 구축되고 있는가? 이는 예나 지금이나 직원의 마인드를 얼마나 바르게 심어주는가에서부터 결정된다. 병원이라는 직장에 본인이 혼자 뛰어나다고 생각하는 직원이 있다면 묻고 싶다. 환자들이 당신 하나 보고 그 병원에 간다고 생각하는가? 절대 아니다. 환자는 병원 전체의 모습을 보고 간다. 자신의 성에 차지 않는 누군가를 비난하기에 앞서, 자기 자신을 되돌아볼 필요가 있다. 당신도 결국 그 집단의 구성원 1에 지나지 않는다.

정상에 오르는 두 무리의 집단이 있다고 가정해보자. 한 집단은 질서 없이 서로를 밟고 일어서고, 금방 무너져버린다. 서로 비난만 있을 뿐, 결과는 결국 제자리이다. 하지만 한 집단은 서로 도와가며 높은 탑을 쌓는다. 아래층에 있던 사람도 결국 도움을 받아 정상까지 올라간다. 이 집단에 루저란 없다. 예전에 비해 더 높은 곳에 오른 사람만 있을 뿐이다.

직장 내 교육 문화에 있어서도 마찬가지이다. 예전에는 고객이 오래 머문다고 느끼는 특정 부서에만 주기적인 교육을 하거나, 특정 계급만 교육을 받아왔다. 하지만 한 병원의 서비스는 모두 같아야 하며, 다른 곳에서 어떤 서비스를 하고 있는지 알지 못하면 서비스가 중복되거나 누락이 생길 수밖에 없다. 전체 프로세스를 알아야 서비스의 흐름이 자연스러워진다. 모두가 함께 배우고, 함께 참여해야 하는 것이다.

우리는 집단생활을 하면서 개인의 역할을 중요시한다. 하지만 개인의

환자가 몰리는 병원은 서비스가 다르다

역할은 결국 한 집단을 위한 것임을 잊지 말아야 할 것이다. 내가 잘되어야 직장이 잘 되고, 직장이 잘 돼야 내가 한 걸음 더 나아갈 수 있다는 것을 알아야 한다. 반면, 경영자는 직원의 성장이 곧 회사의 성장이라는 것을 알고, 함께 발전하는 문화를 구축해야 한다.

외나무 같은 병원이 될 것인가, 아니면 푸른 숲 같은 병원이 될 것인가? 이제 우리가 선택할 차례이다.

환자는 성장하는 병원으로 몰린다

간혹 내가 알고 있는 것을 나만 알고 싶어하는 사람들이 있습니다. 가장 흔한 예로 부하 직원을 매번 혼내면서도 자신이 아는 것을 공유하지 않는 사수라든지, 자신의 공을 돋보이게 하려고 인수인계를 제대로 하지 않고 나가는 퇴사자 등을 들 수 있죠. 이들은 자신만의 세계에 갇혀 지식을 공유하지 않고 꽁꽁 숨겨 두려고만 합니다. 남들과 공유하며 더 많은 것을 배우는 사람들과 달리, 유한한 한계 속에 자신을 점점 가두어 되레 큰 성장을 하지 못합니다. 이미 다른 사람들도 아는 내용을 자기만 안다고 착각한 채로 말이죠.

잘나가는 병원을 보면 하나같이 교육체계가 참 잘되어 있더군요. 직원들끼리 서로 업무를 공유하고, 지식을 나누어 함께 성장합니다. 선배를 보며 꿈을 꾸는 후배가 있고, 후배에게 가르쳐주며 더욱 성장해나가는 선배가 있습니다. 직원들은 이런 교육 시스템이 있는 병원에 애사심이 생기고, 사언스레 이발 비율이 풀어듭니다. 가르침과 배움이 있는 곳에는 존중이 뒤따르고, 서로를 헐뜯거나 무시하지 않습니다. 탄탄한 조직문화 속에서 구성원들은 함께 발전하게 되고, 그렇게 병원이 함께 성장하게 됩니다. 이것이 발전하는 병원에 환자가 몰릴 수밖에 없는 이유입니다.

나 혼자 빨리 가려고 하지 말고, 함께 멀리 가려는 생각을 가져보세요. 내 병원을 잘나가는 병원으로 만들 수 있습니다.

4.

직원이 주체가 될 때,
병원은 흥한다

 환자가 병원을 방문하여 가장 많이 만나는 사람은 누굴까? 접수를 도와주는 사람, 예진을 도와주는 사람, 대기를 안내하는 사람, 진료실로 안내하는 사람, 진료를 도와주는 사람, 처치를 해주는 사람 등등 직접적으로 나를 진료해주는 의사 한 명만 빼고는 결국 모두 그 병원의 직원들이다. 그럼 환자에게 주된 서비스를 제공하는 사람은 누구일까? 그렇다. 이것도 다름 아닌 바로 직원이다.

 환자가 의사를 보고 병원을 찾는다고 한들, 의사에 대한 프로모션도 의사 혼자서 하기엔 환자들이 거치는 접점이 너무나도 많다. 의사가 본인의 입으로 내가 이 분야에서 얼마나 저명한 전문가인지 아무리 떠들어

봤자 직원들이 의사를 대하는 태도, 환자를 대하는 태도에 따라 환자들은 이 병원에 계속 내원해도 좋을지를 판단한다. 즉, 병원에 대한 이미지를 바로 세워줄 수 있는 것은 직원 모두의 역량이 뒷받침되어야 가능하다는 것이다.

직원의 주체의식을 고양시키기 위한 노력

그럼 직원 모두가 한목소리로 서비스를 할 수 있는 방법은 무엇일까? 바로 직원이 주체가 되는 것이다. 많은 병원에서 "주인의식을 가진 직원이 없다."라는 말을 한다. 실제로 직원들은 주인이 아닌데 어떻게 주인의식을 가질 수 있을까? 그건 병원 입장에서의 이야기일 뿐이다. 주인의식이 아닌, 주체의식이 필요하다. 직원이 스스로 '자신을 위해' 주체적으로 행동할 수 있어야 하는 것이다. 그러기 위해서는 먼저 직원에게 물어보아야 한다.

앞서 병원의 철학이나 목표가 병원 구성원 모두에게 공유되어야 하는 이유에 대해 다뤄보았다. 그럼 그러한 내용을 토대로, 서비스의 방향성도 구체적으로 정해졌을 것이다. 환자에게 어떤 서비스를 어떠한 형태로 제공하게 될 것인가에 대해서는 직원들과 충분한 논의를 한 후 진행하는 것이 바람직하다. 그 과정에서 직원들과의 교육이나 토론 중심으로 진행되는 상황이 생길 가능성이 크다. 진료 스킬에 대한 교육으로 진료 서비스를 끌어올릴 수도 있고, CS 교육을 통해 환자 응대를 중점적으로 할 수도 있다.

이때, 무작정 직원들에게 "이 교육을 할 거니까 몇 시까지 시간을 내라!"의 통보가 되어서는 직원들의 반감만 사게 된다. 직원들은 우리 병원의 실정을 가장 잘 알고 있는 전문가들이다. 우리 병원에 어떤 점이 부족한지, 어떤 교육이 필요할지에 대해 토의하고, 스스로 듣고 싶고 배우고 싶은 것을 선택하여 교육을 진행하면 결과적으로 서비스의 질은 상당히 올라간다.

성공하는 병원은 직원의 마인드가 다르다

컨설팅을 진행할 때, 대부분의 직원들은 그 상황을 굉장히 불편해하고 불만스럽게 생각한다. "우리가 하는 일인데 우리가 제일 잘 알지. 잘 알지도 못하면서 뭘 바꾸라고? 그거 며칠 본다고 다 안다고 생각하는 건가?"라며 불만을 표출한다. 그러면서 덧붙이기를 "원장님은 직원을 믿어야지, 무슨 애먼 데 돈을 써. 그럴 돈 있으면 우리한테나 더 쓰라고 해. 그럼 우리가 이렇게 하겠어? 더 열심히 하겠지."라며 경영진을 향한 감정적 비난도 서슴지 않는다.

지금 내가 한 이야기는 실제로 들어본 직원들의 단골 레퍼토리이다. 아마 병원 열 군데를 가면 일곱 곳 이상은 이러한 반응을 보일 것이다. 하지만 소수의 병원은 매우 상반된 모습을 보인다. 이미 컨설팅을 의뢰하기 전 직원들과 함께 논의를 통해 결정된 것이기 때문에 병원이 성장하는 것에 대한 기대감으로 오히려 이 상황을 반긴다. 병원 곳곳에 조력자들이 배치되어 컨설팅을 진행하는 것에 도움을 주고, 힘들어하는 직원들의 사기를 서로 북돋아주며 분위기를 고조시킨다.

직원들의 적극성, 이것이 컨설팅의 성패를 결정하는 중요한 요소이다. 컨설팅을 진행할 때 컨설턴트들이 노련하게 PDCA(Plan-Do-Check-Action) 사이클을 돌리니, 결과적으로는 어떻게든 발전이 이루어지지만, 성과의 정도는 매우 다양하게 나타난다. 그 과정 속 가장 큰 비중을 차지하는 것은 직원들의 참여도이다.

꼭 외부 업체나 직원을 통한 교육이 아니라, 자체적인 개선의 움직임 안에서도 직원들의 호응도에 따라 결과는 천차만별이다. '시작이 반이다.'라고 생각하고 그 시도만으로 만족할 것인지, 아니면 확실한 결과까지 도출해내어 원하는 목표에 도달할지는 직원의 태도가 성패를 상당수 좌우한다.

K병원의 경영진은, 경영진과 직원, 직원과 직원 사이의 소통이 중요하다는 것을 깨닫고, 얼마 전부터 일주일에 한 번 자체 직원회의를 운영하기로 하였다. 직원회의에 직원들의 호응도가 너무 떨어지자 경영진들은 새로운 운영 방식에 대해 고민하였고, 다음 회의부터는 회의 중간중간에 직원들을 위한 금전적인 이벤트를 진행하여 호응을 유도했다. 질문을 해서 맞추는 사람에게 상품을 준다거나, 대답을 잘 한 사람에게 만 원씩 현금을 주는 것이다. 결과는 어땠을까? 아무런 변화가 없었다. K병원의 경

영진들은 180도 달라질 줄 알았던 직원들의 태도가 전과 크게 차이가 없자 놀라며 상담을 요청했다.

왜 K병원의 직원들은 경영진들의 노력에도 불구하고 큰 호응이 없었던 걸까? 이는 보상 이전에 '자발적인 참여'가 이루어지지 못했기 때문이다. 왜 필요한지, 왜 해야 하는지를 모르는 상태에서 아무리 상금을 준다고 해도 쉽게 움직이지 않는다. 먼저 자신들이 원하고, 필요로 하는 것으로부터 시작할 수 있도록 동기부여가 필요하다. 자발적 참여로부터 시작된 서비스는 직원도 환자도 즐겁다. 스스로 환자에게 다가가는 한 걸음을 내디딜 수 있도록 직원들에게 질문하고 수렴할 수 있는 마음이 필요하다.

직원의 이야기에 귀를 기울여라

직원에게 물었으면, 이젠 직원에게 들어야 할 차례이다.

한 치과에 근무했을 때의 일이다. 그곳에서 나는 직원들이 속상한 마음을 쏟아내는 '대나무숲 부서'에 근무하는 것만 같았다.

"실장님, 원장님이 저한테 이거 어떻게 했으면 좋겠냐고 물어보셔서 지난번에 말씀드렸던 방법대로 했으면 좋겠다고 대답했거든요? 근데 오늘 이걸 이렇게 정리하라고 하시는 거예요. 도대체 이럴 거면 저한테 왜 물어보신 거예요? 이렇게 정리하면 나중에 다 섞여서 분리하기가 너무 힘들어요. 원장님은 아무것도 모르시면서……."

그런 말을 하는 직원을 위로하며 원장님의 의견을 대변했고, 원장님께
는 조심스레 여쭙곤 했다.

"원장님, A직원이 건의드렸던 내용은 우리 병원에서 하기에 조금 힘들
까요? 전에 효과적으로 했던 방법이라고 하는데, 의견이 반영되지 않아
많이 속상한 것 같더라고요."

그럼 거의 돌아오는 대답은 비슷했다.

"일단 제 말대로 해보고, 안되면 그때 바꾸는 걸로 하죠."

직원 A는 본인이 자신 있는 업무에 대한 의견이 계속 묵살당하는 느낌
에 괴로워했다. 물론 원장님도 그 의견을 수용하지 않는 이유가 분명히
있었을 것이다. 하지만 직원은 도대체 왜 그러는지 이유를 모르겠다며
답답해하다가 결국은 여러 이유로 퇴사했다.

직원들은 우리 병원뿐만 아니라 다른 병원의 시스템까지 경험하고 온
실무 경력자들이다. 우리 병원에 근무하는 동안 다른 병원의 모니터링
을 하고 오는 직원은 입이 마르게 칭찬하면서, 왜 경력자의 경험에는 귀
를 기울이지 않는 것일까? 간혹 불평만 늘어놓는 직원들도 있지만 그 불

평도 어떠한 이유로 인해 생겨난 것인지 알아보려고 하는 경영자는 많지 않다. 그저 일하기 싫어하는 부정적인 사람의 프레임을 씌워 웬만해서는 말을 섞지 않는다.

나 또한 굉장히 보수적이고 철두철미한 성격을 지니고 있어서 자유분방한 마인드의 직원들이 버거울 때가 있다. 하지만 직원의 의견에는 분명 귀를 기울일 필요가 있다고 생각하는 입장이다. 들어보고 아니면 우리 병원에 그 사안을 적용하지 않으면 된다. 다만 예시처럼 듣고 마는 것이 아니라, 함께 해결해나가려는 노력, 어떤 부분 때문에 우리 병원에 적합하지 않은지, 어떻게 하면 의견을 수렴하면서 효과적인 방법을 찾을 수 있을지 소통하며 바꾸어나가야 한다.

누구에게나 배울 점이 있다. 우리 병원에서 일하고 있는 직원이라면 더더욱 그렇다. 직원이 아무것도 모른다고 생각하고 가르치려고만 하는 것은 병원의 발전과 서로의 관계, 그 어떤 것에도 도움이 되지 않는다. 어느 분야에서는 그 누구보다 훨씬 뛰어난 인재일 수도 있고, 그 재능을 우리 병원의 발전을 위해 이용할 수도 있다. 이직이 많은 직원이라고 채용을 망설였는가? 여러 병원을 지나온 것이 흠이라고 여겨질 수 있으나 엄청난 경험이기도 하다. 여러 병원의 시스템을 경험하고 왔기 때문에 우리 병원만의 맞춤 시스템을 구축하는 데 큰 도움이 될 수도 있다. 불만이건 칭찬이건, 일단 우리 직원들의 목소리에 귀 기울여보자. 그것이 해답일 수 있다.

목소리를 내는 직원이 병원의 미래를 이끈다

직원들이 내는 소리는 마치 고객의 컴플레인과 같다. 이야기를 한다는 것은 우리 병원에 관심이 있다는 것이다. 하지만 안타깝게도 목소리를 내는 직원들이 없다면 왜 그런지를 고민해보아야 한다. 불평도, 건의도, 왜 어떤 의견도 없는 것일까?

내가 경험상, 이런 상황에서는 아이디어를 낸 직원에게 되레 책임을 전가하는 경영자들이 상당히 많았다. 나는 이것을 두고, 능동적인 직원을 수동적인 직원으로 바꾸는 가장 좋은, 즉 최악의 방법이라고 말한다. 우리 병원의 문제점이나 더 좋은 대안을 내미는 직원에게 "오, 좋은 생각이네요. 그럼 김 선생님이 한 번 해결해보세요."라고 하는 것이다. 그리고 모든 책임을 직원에게 떠넘기고 잘 해내지 못할 시 "그것 봐요. 역시 안 되는 거였어요."라고 말한다면? 아이디어를 낸 직원 입장에서 이것은 보상인가, 벌인가 매우 혼란스러워질 수밖에 없다. 이런 문화에서는 의견을 내면 낼수록 일을 만들어 한다는 생각 때문에, 결국 직원들은 수동적이고 방어적인 태도를 보일 수밖에 없다.

2019년 4월, 카이스트는 '미래에는 문제를 풀기보다 스스로 문제를 만드는 능력을 키워야 한다.'라며 과학을 주제로 한 '궁극의 질문 공모'를 개최했다. '전기를 사용하지 않는 컴퓨터가 가능할까?', '빨지 않아도 되는 옷을 만들 수 있을까?' 등 실제로 카이스트 재학생들은 그동안 자신들이 관심을 가지고 있었던 것에 대해 질문을 만들어 즐거운 마음으로 공모제에 참가했다. 카이스트는 재학생들이 과학에 관심이 많다는 것을 이용하여 어떤 질문도 환영하는 일종의 대형 이벤트를 개최한 것이다.

우리 병원 직원들의 마음도 카이스트 재학생들의 마음과 마찬가지일 것이다. 평소에 우리 병원에 아무런 관심이 없다면, 또는 '괜히 사서 고생하지 말아야지.'라고 생각하며 수동적인 근무를 하고 있다면, 당연히 그 어떤 의견도 내지 않을 것이다. 공모전에 참가한 학생들에게 대우하듯, 의견을 내는 직원들을 독려하고, 함께 발전할 방법을 찾아보아야 한다.

오직 환자만 바라보던 일편단심에서 환자들과 가장 많이 만나는 직원들에게로 눈길을 돌려 생각해보는 것은 어떨까. 우리 병원을 활기차게 만드는 방법, 더 좋은 서비스를 제공할 수 있게 하는 방법은 의외로 간단할 수 있다. 가장 좋은 서비스는 직원으로부터 나온다. 직원이 스스로 움직일 수 있도록 주체 의식을 심어주자. 직원이 답이다.

환자가 몰리는 병원은 서비스가 다르다

5.

칭찬은
직원도 춤추게 한다

사기를 충전시키는 최고의 방법

앞 장에서는 직원이 주체가 될 때 흥하는 병원 서비스에 대해 다뤄보았다. 그럼 그렇게 중요한 역할을 하는 직원들의 사기를 북돋아줄 수 있는 방법에는 어떤 것들이 있을까?

내게는 든든한 후원자 부부가 있다. 나는 그분들에게서 엄청난 에너지를 받고, 새로운 일을 계획하고 시작할 때 매우 큰 용기를 얻는다. 내게 이 부부가 있다는 것은, 다른 사람에게는 없지만 나는 가지고 있는, 나만의 굉장한 자랑이기도 하다. 내가 그분들에게 월급을 받거나, 주기적인 물질적 도움을 받는 것은 아니다. 만나는 횟수도 1년에 한 번 만날까 말까 할 정도이다. 그렇지만 나는 이분들이 나의 '후원자'라고 여기며 오늘도 에너지를 받는다. 나는 어떤 후원을 받고 있을까?

두 질문의 답은 같다. 바로 '칭찬'이다. 그렇다면 당신은 오늘 다른 사람에게 몇 번의 칭찬을 받았는가? 그리고 누구에게 어떤 칭찬을 해주었는가? 막상 떠올려보면 받은 칭찬도, 한 칭찬도 잘 기억나지 않는다.

나는 이 '칭찬'에 매우 민감한 사람이다. 누군가가 나를 칭찬한다면 나는 내가 할 수 있는 것의 열 배는 족히 해낼 수 있다고 자부한다.

전 직장에서 근무할 때, 내 자리에서 경영진분들과 회의를 하다가, 자료를 보여드리려고 컴퓨터를 오픈한 내게 대표원장님은 이런 말씀을 하셨다.

"와, 일 잘하는 사람은 이런 도구를 쓰는군요. 이것도 이 프로그램을 쓰면 쉽게 정리가 되네요. 우리 병원에 실장님 없었으면 어떡할 뻔했어, 하하."

이후에도 나는 내가 듣고 뿌듯하거나 감동받았던 칭찬들을 곱씹어보며 성장할 수 있었다. 그리고 나의 성취 욕구를 급격히 상승하게 하는 공통적 3가지 요소를 찾아내었다. 그것은 바로, '격려'와 '믿음' 그리고 '기대'였다.

성취욕을 상승시키는 3가지 요소

하버드대 심리학과 교수였던 로버트 로젠탈(Robert Rosenthal)은 1968년, 초등학교 교장이었던 레오노레 야콥슨(Leonore Jacobson)과 함께 샌프란시스코의 한 초등학교 학생들을 대상으로 실험을 진행하였다. 먼저 전교생의 지능지수를 검사한 후, 그 결과와는 관계없이 무작위로 학생 중 20%를 뽑는다. 그리고 담임 선생님들에게는 '이 아이들은 특별히 IQ가 높으니 학업 성취 향상 가능성이 매우 높을 것'이라고 하여 무작위 20% 학생들에 대한 기대를 심어주는 것이다. 8개월 후 다시 지능검사를 해보았더니, 놀랍게도 20%에 선별되어있던 학생들은 실험 전 IQ와는 상관없이 다른 학생들보다 IQ가 높게 나온 것을 확인할 수 있었다. 어떻게 이런 결과가 나올 수 있었건 걸까?

선생님들은 성적이 높을 거라고 했던 학생들에게 자신도 모르게 언어, 비언어적인 여러 방법으로 이 '격려'와 '믿음', '기대'에 대한 시그널을 보냈다. 그리고 그것을 느낀 학생들은 선생님의 기대에 부응하기 위해 더 긍정적인 발전을 하게 되었다는 것이다. 이렇게 상대방으로 하여금 긍정적인 편견을 갖게 하여 상승효과를 내었던 이 실험이 바로 '로젠탈 효과(Rosenthal Effect)'이다.

실제로 이 로젠탈 효과는 우리 직장에서 발휘되고 있다. 늘 칭찬받는 직원은 무슨 일이건 어렵지 않게 자신의 생각을 실행에 옮기고, 실수를 하더라도 금방 툭툭 털고 일어날 수 있다. 하지만 뭘 해도 실수투성이라는 낙인이 찍힌 직원은 주눅이 들어서 무슨 일도 제대로 하지 못한다. 맞다고 생각하는 일도 혹시나 틀리면 어쩌지 고민만 하다가 느려터졌다는 소리를 듣고, 그다지 큰 실수도 아닌 일도 꾸중을 들으며 영원한 구박덩어리, 그저 '일머리 없는 사람'이 되고 만다.

같은 시간을 겪으며, 나도 어느 곳에서는 이렇게 구박덩어리였고, 어느 곳에서는 누구에게나 모범이 되는 일 잘하는 직원이었던 적이 있었다. 다시 돌아가도 그렇게밖에 할 수 없다고 여겼던 일도 온통 내 잘못이라고만 말했던 사람 앞에서는 어떤 일도 제대로 할 수가 없었다. 반면, 뭘 해도 이유가 있겠거니 생각하며 나를 믿어주었던 사람 앞에서는 실수도 기회가 되었다. 전자의 상황을 뒤엎는 데에는 내 평소 페이스보다 훨씬 더 많은 시간이 소요되었고, 엄청난 스트레스도 받았다. 아이러니하게도 내가 받은 이 내면의 아픔을 치유해준 건, 다른 곳에서 말없이 나를 격려하고, 믿어주고, 변치 않는 기대를 보여주었던 사람들의 칭찬이었다.

모든 사람들이 어디서나 다 같은 대우를 받지는 않는다. 학교에서는 숫기 없는 아이가 특정한 곳에서는 대장이 되기도 하고, 어떤 모임에서는 활기차게 지내다가 집에만 가면 조용해지기도 한다. 이는 그 사람이 이상한 것이 아니라 그런 환경에 노출되었기 때문이다. 이제 우리 직원들을 우리 병원의 대장으로 만들어보자. 직원의 사기를 저하시키고 불만투성이에 무능력자 직원으로 전락시키는 것은 쉽다. 하지만 직원들의 사기를 진작시키고, 스스로 힘이 나게 만드는 것은 의외로 더 쉽다.

칭찬은 고래도 춤추게 한다고 한다. 직원은 언제나 춤출 준비가 되어 있다.

직원의 사기를 북돋아주는 대화법

칭찬은 더욱 기분 좋게, 질책은 덜 상처받을 수 있게 하는 말!

· "역시!"

· "이건 ○○선생님이 워낙 잘하니까 믿고 맡길 수 있겠어요."

· "실장님이 ○○선생님이라면 안심하고 맡길 수 있다고 하더라고요."

· (전 직원 앞에서) "○○선생님은 이 분야에서 탁월한 능력자이니 다 같이 배워봅시다."

· "○○선생님이 그렇게 한 이유가 있었겠지. 그런데 이번과 같은 경우에는 이렇게 하면 어땠을까?"

· "우리 입장에서는 훌륭한 대처였지만 환자들의 입장에서는 이 부분이 이해하기 어려웠던 것 같아요. 다음부터는 이런 점을 보완해봅시다."

· "○○선생님 넉분에 이 정노로 결과를 낼 수 있었어. 고생했어요."

대신 주의할 점은 어떤 말을 하든지 꼭 진심을 담아서 이야기했으면 한다는 것이에요. 거짓으로 하는 이야기는 상대방에게 더욱 큰 상처가 될 수 있답니다.

6.

직원에게 권한과
책임을 줘라

규정을 중시했던 기업이 고객에게 외면 받은 이유

"죄송합니다. 우리 회사 규정입니다."

살면서 규정만 앞세워 어떤 조율도, 어떤 방법 제시도 없이 불편함을 감수해야 했던 경험 한두 번쯤은 있을 것이다. 이 규정은 회사의 업무 기준을 세우고, 문제가 생겼을 때 해결할 수 있는 방법을 제시한다. 부서, 또는 기업 내의 활동 기준이나 업무 절차를 정해주고, 고객에게 혼선 없이 도와주는 중요한 도구이기도 하다. 그런데 정작 문제가 생겼을 때 고

환자가 몰리는 병원은 서비스가 다르다

객의 입장이 아닌 회사의 입장인 '규정'만 앞세운다면, 고객에게 좋은 인상으로 남기 어렵다.

캐나다의 인디 뮤지션인 데이브 캐럴(Dave Carroll)의 이야기를 함께 따라가보자. 그는 2007년 3월 공연을 위해 캐나다에서 미국으로 가는 유나이티드항공의 비행기에 올랐다. 이륙 직전 그는 창밖에서 수화물을 운반하는 직원을 보고 깜짝 놀란다. 수화물을 운반하는 직원이 힘차게 내던진 물건이 바로 자신의 기타 케이스였던 것이다. 그 모습을 본 데이브 캐럴은 기타가 부서진 것 같다며 승무원에게 항의했지만 묵살 당한다.

그는 초조한 마음으로 목적지인 미국에 도착하자마자 기타 케이스를 열어보았고, 아니나 다를까 애지중지하던 기타의 목이 부러져 있었다. 공연 일정 때문에 그 자리에서 항의도 하지 못한 그는 모든 공연을 마친 3일 뒤에야 파손 신고를 하게 된다. 그러나 유나이티드항공은, 24시간 이내 신고를 했을 경우 보상이 가능한데 24시간이 지났기 때문에 보상해줄 수 없다는 대답을 한다. 데이브 캐럴은 억울함을 호소하며 이후 9개월간 끊임없이 자신의 상황을 적은 메일을 보내지만, 항공사는 '본사에서 화물 수송 규정을 어긴 것이 아니기 때문에 파손에 대한 보상의 의무가 없습니다.'라는 무성의한 답변만을 보낸다.

화가 난 데이브 캐럴은 항공사와 대화로 해결할 수 없다는 판단을 하게 되고, 자신들이 가장 잘하는 '노래'라는 무기로 이 사건을 세상에 알리기로 결심한다. 직접 작사, 작곡한 이 노래는 유튜브에서 인기를 끌면서 3

일 만에 100만 뷰를 기록했고, 사람들의 입소문을 타면서 유나이티드 항공사는 사람들의 인식 속에 최악의 서비스 항공사라는 오명을 안게 된다.

어떤가? 이야기 속 데이브 캐럴의 마음이 이해되는가? 아마 대부분 데이브 캐럴에 감정이 이입되어 항공사의 처사에 분노하고, 결과에 흡족해할 것이다. 우리도 한 번쯤은 이런 답답한 경험을 한 적이 있기 때문이다. 지금도 조금만 검색해보면 "컴퓨터랑 대화하는 줄 알았어요.", "일 처리가 너무 답답하네요.", "융통성이 너무 없어요." 등의 고객 불만을 여기저기서 쉽게 찾아볼 수 있다.

이 이야기에서 유나이티드 항공사가 잘못한 부분은 무엇일까? 항공사는 수화물을 던지는 것이 수송 규정을 어긴 것이 아니라고 한다. 그렇다면 원칙대로 진행했는데 운이 없었던 것이지 잘못은 전혀 없는 것 아닐까? 분명 우리가 강조하는 '규정'대로 했을 뿐인데, 왜 고객들은 불만을 토로하는 걸까? 그 대답은 아래의 이야기에서 찾아볼 수 있다.

권한과 책임을 주어 창조적인 서비스를!

미국의 기업 자포스(Zappos)는 "고객의 마음을 움직이게 하는 서비스는 어디까지나 사람과 사람의 연결에서 비롯된 것"이라고 말한다. 틀에 박힌 매뉴얼만 가지고는 고객에게 제공하는 서비스가 한정적이라는 것이다. 이 기업은 고객센터에 매뉴얼도 없다. 응대 스크립트나 매뉴얼 대신, 직원들에게 '권한'을 준다. 팀장이나 매니저뿐 아니라 고객센터의 신

환자가 몰리는 병원은 서비스가 다르다

입사원 모두가 엄청난 권한과 책임을 갖고 있다. 그 권한으로 이 기업의 직원들은 창조적인 서비스를 마음껏 제공할 수 있다. 고객이 구입한 상품의 상태를 확인하기 위해 전화나 이메일을 보내는 것, 감사의 마음을 전하기 위해 자신이 그린 일러스트를 첨부하고 직접 손으로 엽서나 메시지 카드를 써서 보내는 것부터 시작하여, 팀별로 똘똘 뭉쳐 고객을 위한 대규모 프로젝트를 만들기도 한다. 이 기업은 훗날 고객을 위한 수많은 감동 실화를 남긴다.

만약 직원들에게 권한이 없었다면, 직원들이 자발적인 고객 감동 아이디어를 실행할 수 있었을까? 우리가 근무할 때에도, 내가 어디까지 고객을 케어해도 되는 것인지, 이 행동이 과연 내가 해도 괜찮은 행동일지 망설여본 경험이 있을 것이다. 욕심 부려 일을 진행했다가 괜히 긁어 부스럼이 될까, 일을 그르칠까 두려워 정작 아무것도 하지 않는다.

직원에게 스스로 일 처리를 할 수 있는 권한을 주는 것은 매우 중요하다. 권한은 직원에 대한 신뢰를 기반으로 한다. 막대한 권한을 부여해도, 직원들이 스스로 잘할 것이라는 믿음이 있어야 가능한 것이다. 직원들은 부여받은 권한에 자신의 노력을 더하여 최선의 업무를 한다. 책임감은 물론 애사심이 생기고, 그렇게 진행한 업무가 곧 자신의 업적이 되어 능력을 쌓아가는 선순환을 이루게 되는 것이다. 만약 유나이티드 항공사에서도 규정은 정해져 있지만 그 안에서 직원들에게 권한을 주었다면 고객이 불만을 토로하는 일이 생기지 않았을지도 모른다.

물론 무조건적인 권한 부여는 문제가 될 수 있다. 이야기 속에 나오는 자포스 또한 한 가지 분명한 기준이 있었다. 바로 '무조건 고객의 입장에서 생각하고 고객이 만족할 수 있도록 하라'라는 것이다. 고객의 입장에서 만족할 수 있을 만한 것이 무엇인지 생각하고 자신의 권한으로 만족시키기 위해 여러 방법을 고안하고 실행하는 것이다. 자포스는 이후에도 수많은 감동 실화를 남긴다. 그 또한 직원들의 자발적인 행동에서부터 시작될 수 있었다.

서열 관계 속에서는 규율이 곧 자유다

그렇다면 권한은 어떻게 부여하는 것이 좋을까? 요즘은 "○○님"이라고 이름을 부르며 대등한 관계 속에서 근무하는 직장도 많다. 하지만 대부분의 서비스 업종은 상하관계가 있는 집단이고, 이러한 내부 환경을 인정해야 관계가 편해지는 것이 사실이다. 만일 상하관계가 있는 직장 내에서 모든 직원에게 동일한 권한을 부여한다고 생각해보자. 어떻게 되겠는가? 그런 관계는 상급자와 하급자가 구분되어 있다고 보기 어렵고, 내부 직원 문화에 상당한 논란을 가져올 수 있기 때문에 현 상황을 받아들이고 인정한 후에 권한을 부여할 수 있다.

반려견이 나오는 tv프로그램을 보면, 여러 마리의 개를 키울 때 대등하게 대함으로 인해 계속해서 잡음이 생기는 경우가 많다. 보호자는 어떻게 하면 이런 문제를 해결할 수 있는지 문의한다. 해결 방법은 간단하다.

환자가 몰리는 병원은 서비스가 다르다

바로 서열 정하기이다. 서열이 정해지면 그들도 자연스럽고 평화로운 사회질서가 형성된다. 인간은 사회적 동물이라고 하지 않는가? 상하관계가 있는 사회생활에서는 이와 비슷한 경우가 참 많다.

서열 관계 속에서는 규율이 자유를 준다. 규율이 확실히 잡혀야 직원에게 권한 부여의 범위도 확실히 정해질 수 있는 것이다. 우리가 권한을 부여하고, 행사하기 위해서 활용할 수 있는 것은 바로 근무하는 직장의 조직도이다. 이 조직도를 활용하면 직원들이 직관적으로 자신의 위치를 깨달을 수 있고, 권한의 부여가 훨씬 수월해진다.

서열이 중요한 이유는 소위 말하는 꼰대 노릇을 하려는 것이 아니다. 서비스의 흐름에 방해가 되지 않게 하는 장치를 걸어두기 위함이다. 물론 우리가 일하는 직장이 서열이 없이 동등한 관계로 이루어져 있다면, 이런 것들을 고려할 필요는 전혀 없을 것이다. 하지만 그렇지 않을 경우에는, 계급이 있는지, 각자 근무하는 파트가 어떻게 나뉘어져 있는지 등 직장 내 직원문화를 반드시 파악해야 한다.

서열에 따라 어디까지 권한을 줄 수 있는지 명확히 확인하고, 부여한다면 직원들에게 날개를 달아줄 수 있을 것이다. 고민만 하던 업무를 자신의 능력대로 발휘할 수 있고, 고객에게 마음대로 다가갈 수 없어 답답했던 서비스도 직장이라는 든든한 이름 아래 자신감 있게 수행할 수 있다. 책임감 없고 애사심 없는 직원만 탓할 것이 아니라, 현명한 제도 속에서 자발적인 서비스를 수행할 수 있도록 도와주는 것이야말로 함께 성장하는 가장 좋은 방법이 될 수 있다.

Part.5

고객 만족을 부르는 마케팅의 8가지 기술

-

마케팅은 병원의 생존 기술이다

1.

다양한 이벤트로
고객의 흥미를 끌어라

병원도 살아남기 위한 마케팅이 필요하다

건물에 병원 광고 현수막이 즐비하게 붙어 있고, 같은 업종의 병원이 한 건물에 몇 개씩 들어선다. 다들 자신이 최고라는 현수막 앞에서 환자들은 어떤 병원으로 가야 좋을지 망설인다. 예전에는 환자들이 알아서 용한 병원을 찾아가는 시대였다면, 이제는 병원도 자기 PR을 해야 하는 시대에 도달했다.

치과의원의 생존율에 대해 다룬 한 기사에서, 서울은 개원 전쟁터로 일컬어진다. 서울시 전체 치과의원 5246개소 중 신생 치과의원의 1년차 생존율은 89.0%로, 무려 약 11%의 신생 치과의원이 1년 안에 폐업하는 것으로 나타났다. 그리고 그 중 5년차 치과의원의 생존은 66%에 지나지 않는다. 열 곳 중 세 곳은 5년을 채 버티지 못하고 문을 닫았다는 뜻이다. 비단 치과계만의 문제가 아니다. 2020년 강타한 코로나 19로 인해 소아과와 이비인후과의 폐업률은 개업률을 앞섰다고 전해진다. 놀라운 일이 아닐 수 없다.

아무리 시대가 바뀌었어도, 의사라는 직업은 여전히 모두가 선망하는 직업 중 하나이다. 하지만 위의 수치가 말해주듯, 이제는 의사가 되어도 마냥 안심할 수 있는 상황은 아니게 되었다. 병원도 살아남기 위한 마케팅이 필요하다.

돈이 없어도 가능한 흥미유발 이벤트

내가 다니는 피부과는 매달 메신저로 나를 찾아온다. 달마다 다른 이벤트를 한다는 광고성 메시지이다. 이직을 하면서 거리가 멀어져 가려면 굳이 시간을 내서 찾아가야 하는 곳이지만, 매달 이렇게 연락을 해오니 아직도 잊히지 않는 '내가 다니는 피부과'로 남아 있다. 달별 이벤트의 내용은, 각 계절이나 연휴에 알맞은 시술이나 관리 등이다. 관심이 갔던 시술이나, 달마다 달라지는 나의 피부 고민에 따라 매달 달라지는 시술별 할인 금액에 관심이 쏠리기도 한다. 당장 하지는 않더라도 매달 이벤트를 보는 재미가 쏠쏠하다. 만약에 더 나이가 들어 주기적인 시술을 받게 된다면, 나는 아마 이곳에 제일 먼저 상담 요청을 하게 되지 않을까 싶다.

얼마 전에는 SNS를 하다가 우연히 한 병원의 게시물을 보게 되었다. 'ㅇㅇㅇ병원의 9,000번째 환자가 되신 것을 축하합니다.'라는 내용이었다. 사진 속 환자는 환하게 웃고 있었고, 축하선물을 증정했다는 내용도 포함되어 있었다. 그러면서 나도 모르게 만 번째 환자가 나타났을 때는 어떤 이벤트를 할지, 누가 될지, 어떤 선물을 받을지가 궁금해졌다.

위의 이야기는 환자의 흥미를 끄는 재미있는 이벤트 사례들이다. 환자의 아무것도 아닌 날을 특별하게 만들고, 찾아오는 다음 달을 기대하게 만든다. 이런 마케팅은 환자의 머릿속에 병원을 각인시키고, 환자가 언젠가 필요로 할 때 발걸음을 이끌 수 있게 하는 이정표가 된다.

환자의 흥미를 유발하는 이벤트는 큰 비용이 들지 않아도 가능하다는 장점이 있다. 아이디어만 낸다면 모두 마케팅으로 활용할 수 있다. 다만 환자에 얼마나 관심을 가지고 행동하는지가 관건이다.

W병원은 여름의 어느 날에 특별한 이벤트를 준비했다. 병원의 이름이 새긴 우산을 준비해놓고, 소나기가 오는 날 나누어주는 이벤트를 한 것이다. 갑자기 쏟아진 비로 혼비백산한 환자들에게 우산을 나누어주며, '앞으로 우리 병원이 우산처럼 든든하게 환자분의 건강을 지켜주겠다'는 인사도 잊지 않았다.

이 이벤트는 현재 병원에 다니고 있는 환자들에게만 한정하여 진행한 것이 아니라, 거리로 나가 우산이 없는 사람들에게 우산을 나누어주면서 좀 더 효과를 발휘했다. 잠재고객을 가만히 앉아 기다리고만 있는 것이 아니라, 직접 찾아 나선 것이다. 몇 회의 '우산 이벤트'를 진행하자, 동네 주민들에게 '우산 주는 병원'으로 알려지게 되어 마케팅 효과를 톡톡히 보게 되었다.

마케팅은 고객에 대한 작은 관심에서부터 시작한다. 요일별로 진행하는 이벤트가 될 수도 있고, 매해 찾아오는 추석이나 크리스마스 등의 시즌별 이벤트가 될 수도 있다. 거창하지 않아도, 소소한 이벤트로도 얼마든지 효과적으로 마케팅할 수 있다. 우리 병원의 마케팅도 이벤트부터 시작해보자. 재미로 시작한 이벤트가 우리 병원에 큰 홍보 효과를 낼 수도 있다.

2.

소개 환자를 늘리는
확실한 방법

'명의'만이 소개 환자를 늘릴 수 있을까?

환자가 우리 병원에 내원한 경로를 체크해본 적이 있는가? 가까워서, 지인의 소개로, 인터넷을 보고 등등 많은 경로를 통해 내원할 것이다. 그럼 그 가운데, 환자가 이미 우리 병원에 신뢰를 갖고 오는 경우는 언제일까? 바로 이미 우리 병원에 다니고 있던 환자의 소개로 오는 경우이다. 더구나 지인이 가족이거나 막역한 사이라면, 그 환자는 우리 병원을 '알아보러' 온 사람이 아닌 '치료하러' 온 사람이 된다.

보통 소개로 오는 환자가 많은 병원이야말로 '진짜배기 병원'이라고 하는 경우가 많다. 기존에 다니던 환자가 정말로 괜찮다고 느껴서, 정말로 만족해서 주변에 사람들에게 소개해주게 되는 것이기 때문에 믿고 맡기는 진료가 가능하다는 뜻이다. 그럼 이렇게 소개 환자가 많은 병원은 그저 의사가 명의이기 때문일까?

고객에게 주는 관심이 소개를 부른다

E병원에 근무할 때의 일이다. C환자와 상담하기 전, 나는 어김없이 지난번에 환자와 나눈 대화 기록을 빠르게 훑어보았다. 환자가 내원할 때마다 보던 터라 거의 외울 수 있을 정도라고 해도, 환자의 작은 하나까지 놓치지 않기 위해 이런 작업은 필수이다. 그날은 환자의 치료가 추가된 상황이었지만, 그것은 전혀 문제가 되지 않았다. 환자와 나는 이미 라포가 형성된 상태였고, 진료에 대한 이해도도 아주 낮지는 않았기 때문이다. 나의 그날 상담 목표는 C환자의 자녀분이었다. 외국에 살고 있는 아드님은, 전부터 치아 상태가 너무 안 좋았다는 이야기도 들었고, 한국에 머무는 시간이 길지 않아서 얼른 치료해야 한다는 것을 알고 있었기에 빨리 그 환자를 우리 병원에서 진료 받게 해드리고 싶었다. 환자 본인이 한 이야기는 아니었지만, C환자의 말로는 상태가 심각한 것 같았기에, 나는 이미 환자 가족들까지 챙겨야 한다는 일종의 의무감과 책임감을 가져버린 상태였다. 일단 C환자의 추가된 치료를 설명하고, 자연스레 아드님에 대한 이야기로 넘어갔다.

환자가 몰리는 병원은 서비스가 다르다

"참, 아드님은 언제 들어간다고 하셨죠?"

"다음 달에 들어가요. 지금 매일 노느라 바빠."

"아드님 치아 상태가 많이 안 좋으시다면서요. 얼른 뵈어야 저희가 도와드릴 수 있을 텐데."

그렇게 나는 조심스럽게 아드님의 상황을 확인했다.

환자와 하는 대화가 아주 짧을지라도, 언제나 우리가 잊지 말아야 할 것은 우리의 목적이다. 환자에게 '나는 당신의 아들이 한국에 와 있다는 것을 기억하고 있어요. 내가 당신에게 이렇게 관심이 많답니다.'를 알리려는 것이 아니다. 그것은 과정에 지나지 않는다. 그날 나의 목적은 환자의 '소개 환자'를 이끌어내는 데 있었다. 그래서 나는 조금 더 적극성을 띄었다.

"그럼 다음 주에 내원하실 때 같이 오세요. 예약을 같이 잡아놓을게요."

"근데 걔가 그날 시간이 되려나?"

"바쁘실까요? 아드님이 지금 댁에 계신다고 하셨죠? 그럼 지금 한 번 연락해보세요. 아시다시피 저희 예약이 빨리 차잖아요, 얼른 예약을 해두어야 진료를 보실 수 있어요. 다음 달에 들어가시면 시간이 빠듯해요."

"그래? 알았어, 지금 내가 전화해볼게."

이 결과 C환자의 아드님은 바로 다음 날 우리 병원에 내원했고, 곧이어 따님도 내원하게 되었다.

다른 병원의 고객을 우리 병원으로 돌리는 힘은 입소문이다!

아무리 충성환자라고 해도 그 환자의 가족들이 모두 우리 병원으로 오리라는 보장은 없다. 실제로 소개로 우리 병원에 온 환자들의 이야기를 들어보면 다들 어딘가 다니는 병원이 있지만 하도 좋다고 해서 한 번 와봤다고들 말한다. 환자는 다니던 병원에 계속 다니려고 하는 경향이 있다. 이들을 우리 병원에 오게 하기 위해서는 강력한 승부수를 던져야 하는 것이다. 다른 병원에 만족하며 다니고 있던 환자가 우리 병원으로 발걸음을 돌릴 수 있을 정도의 강점은 무엇인가?

단순히 생각해서 가장 먼저 드는 생각은 가격일 것이다. 우리 병원의 진료 수가가 비싸거나 싸거나 매일 환자들이 와서 하는 얘기가 금액적인 부분이기 때문에, 가격을 완전히 떨치고 생각하기는 쉽지 않은 부분이다. 가격으로 승부를 던지는 경우를 생각해보자. 가격은 상대적인 것이다. 우리 병원이 강 건너 병원보다 한참 저렴해도, 옆 동네 병원보다 비싸면 결국 비싼 병원이 된다. 그렇다고 저렴하면 환자들이 무조건 홀딩되는가? 그것도 아니다. 비싸고 싼 것은 결국 환자에 따라 달라지는 부분이다. 모든 환자를 금액적으로 만족시킬 수는 없다. 하지만 모든 환자가 원하는 것이 단 하나 있다.

환자가 몰리는 병원은 서비스가 다르다

"원장님 진료 잘 하세요?"

바로 진료의 품질이다. 그럼 이런 품질을 확실하게 보장해줄 수 있는 것은 무엇인가? 우리 병원에서 이미 진료를 받아본 환자들이다. 인터넷을 찾아보고 오는 사람들은 인터넷으로 어떤 것들을 확인하고 올까? 장비나 기계, 인테리어 등을 보기도 하지만 가장 중요하게 생각하는 것이 다른 사람들의 평이다. 검색해서 나온 후기가 있다면 꼼꼼하게 살펴보게 된다. 후기가 광고성은 아닌지, 실제로 경험한 내용을 토대로 진실성 있게 작성한 것인지 세세히 확인한다. 이렇게 생판 모르는 사람들이 남긴 평가에도 마음을 기울이는데, 자신과 가까운 사람이 소개하는 곳이라면 일단 믿음이 가는 것이 사실이다. 이것이 우리 병원의 기존 환자들이 우리 병원의 마케터가 되어야 하는 이유이다.

대표적으로 많이 듣는 이야기가 "우리 가족 할 사람 많은데 잘 좀 해줘요."라는 이야기이다. 우리는 자주 듣는 이야기이기 때문에 그냥 웃어넘기기 일쑤이지만, 환자가 스치듯 하는 이 이야기에 소개 환자를 늘리는 비법이 숨어 있다. 우리들의 상담에 그 사람을 소환하자. 치료가 필요한, 혹은 병원의 도움이 필요한 가족이나 지인을 우리들의 이야기 속으로 불러들이는 것이다. 그렇게 얘기를 하다 보면 상담자와 고객, 그리고 곧 우리 병원에 올 잠재고객은 이미 라포를 형성하기 시작한다. 환자는 오지도 않은 자신의 주변인들을 걱정하는 마음에 고마워하고, 추후 내원한 환자는 전에 이야기를 많이 들었다며 감동한다.

내가 본 어떤 병원의 실장은 환자들에게 늘 "잘 해드렸으니까 저희 소개 좀 많이 해주세요."라는 말을 자주 했다. 그 말에는 힘도 없고, 병원의 프라이드도 없다. 환자에게 잘하는 것은 당연한데, 잘해준 것이 마치 환자 소개를 받기 위한 것으로 평가 절하되지 않는가? 그 말을 들은 환자는 알겠다고 하면서도 속으로는 여러 가지 생각이 들었을지 모른다.

일단은 환자가 소개해주고 싶은 병원이 되는 것이 첫 번째이다. 그리고 두 번째는 환자가 소개해줄 수 있도록 옆에서 자연스럽게 부채질을 해주는 것이다. 이 과정이 자연스러울수록 병원에 대한 환자의 신뢰는 두터워진다. 소개 환자를 늘리는 것과 고객의 만족을 높이는 것, 두 마리 토끼를 잡는 것은 얼마든지 가능하다.

3.

병원의 콘셉트를
적극 어필하라

진료의 철학과 서비스의 콘셉트가 있어야 한다

'브랜딩'하면 가장 먼저 떠오르는 것이 콘셉트이다. 어떤 콘셉트로 우리 병원을 브랜딩하고 싶은지가 명확해야 인테리어부터 소품, 병원의 색깔과 분위기가 결정된다. 그리고 병원이 나아갈 방향이 결정된다. 콘셉트가 명확하지 않으면 병원을 방문한 환자는 '여기는 무슨 진료를 하는 곳이지?'라는 의문이 생긴다. 우리 병원만의 특성과 주 진료가 무엇인지 명확해야 그에 맞춰 서비스를 제공할 수 있다.

이와 관련하여 꼭 알리고 싶은 기업이 있어 소개한다. 바로 글로벌 아웃도어 브랜드, 파타고니아(Patagonia)이다. 내가 이 기업에 대해 관심을 갖게 된 것은, 파타고니아 창업주인 이본 쉬나드(Yvon Chouinard) 회장이 자신과 가족이 소유한 파타고니아 지분 전체를 환경단체와 비영리 재단에 환원하겠다는 기사를 접한 후였다.

그가 넘긴 지분은 무려 30억 달러(약 4조 2200억 원). 쉬나드 회장은 기부 결정에 대한 인터뷰에서 "소수의 부자와 셀 수 없을 정도로 많은 가난한 사람으로 귀결되는 자본주의가 아닌 새로운 형태의 자본주의 형성에 도움이 되길 바란다."며 "내 삶을 올바르게 정리할 수 있게 돼 안도감이 든다."고 말했다. 이 놀라운 기사를 보고, 나는 파타고니아라는 기업의 경영철학을 찾아보지 않을 수 없었다. 파타고니아는 100% 유기농 면을 사용하는 것으로 유명한데, 그와 관련된 일화를 보면 이 기업의 경영철학이 잘 드러나 있다.

때는 1988년, 파타고니아는 미국 보스턴에 세 번째 매장을 오픈한다. 그런데 며칠 뒤 직원들이 구토를 하며 두통을 호소하는 것이 아닌가! 이유를 알아보니, 옷을 만들기 위한 면의 구김과 수축을 방지하기 위해 가공 공정에 사용되었던 포름알데히드가 원인이었다. 이 일을 계기로 쉬나드 회장은 옷을 만드는 재료인 목화밭의 실상을 파헤치는데, 목화밭에 뿌리는 화학 살충제가 흙 속의 미생물을 모두 죽이고, 심각한 토양 오염을 일으키고 있었다는 것을 알게 된다. 이 성분은 인간의 중추 신경계까지 손상시킬 수 있는 매우 독한 성분이었다.

환자가 몰리는 병원은 서비스가 다르다

쉬나드 회장은 기업을 운영하는 사람으로서, 인간이 살아가는 터전인 지구를 파괴해서는 안 되겠다는 생각을 한다. 그는 깊은 고민 끝에 파타고니아의 모든 직원을 데리고 농약 냄새가 진동하는 기존 목화밭으로 데리고 가서 이 실태를 알린다. 눈이 따갑고 매캐한 공기가 가득한 기존의 목화밭에서 사태의 심각성을 파악한 직원들은, 쉬나드 회장의 제안대로 모든 면 옷의 소재를 100% 유기농 목화로 바꾸기로 결정하고 그 결정을 지금까지 이어오고 있다.

1985년부터 매년 매출의 1%를 환경 보호단체에 기부해오고 있는 파타고니아는, 2011년부터 상품을 제작할 때 환경에 좋지 않은 영향을 미친나는 이유로 "이 재킷을 사지 마세요.(Don't buy this jacket)"라는 '안티 블랙 프라이데이' 광고로 캠페인을 벌이기도 했다. 파타고니아는 이외에도 끊임없이 환경을 생각하는 행보를 보인다. 소비자가 옷을 자주 살 필요가 없도록 쉽게 해지지 않는 옷을 만들기 위한 연구에 아낌없이 투자한다. 뿐만 아니라, 한 번 구매한 옷을 오래 입을 수 있도록 평생 무료 수선 서비스를 제공하고 있다.

파타고니아의 사명은 '우리는 우리의 터전, 지구를 살리기 위해 사업을 합니다(We're in business to save our home planet)'이다. 기업의 진정성이 고객에게 감동으로 다가오지 않는가? 파타고니아는 "이 재킷을 사지 마세요." 캠페인을 벌인 이후로, 기존 매출에서 30퍼센트 증가한 5억 4,000만 달러의 매출을 달성했다고 한다. 나 또한 그날 당장, 한 번도 사본 적 없던 파타고니아의 옷을 살 수 있는 쇼핑몰의 어플리케이션을 다

운받았다. 기업의 철학이 고객에게 제대로 전달되는 순간, 고객은 그 기업과 함께하고 싶어진다.

콘셉트와 철학에 따라 유기농 면 100%만 사용하여 상품을 제작하는 파타고니아처럼, 우리 병원도 명확한 콘셉트가 필요하다.

우리 병원의 콘셉트는 무엇일까?

내가 다온 C.S.M 컴퍼니에서 근무했을 때, 컨설팅을 위해 대표님과 긴 시간 동행해야 하는 상황이 종종 있었다. 어느 날, 대표님이 한의원에 다녀오셔서 그 병원 원장님에 대해 해주신 이야기가 생각난다. 그 한의원에 가면 원장님께서 직접 자필로 써서 병원에 붙여놓은 글이 있는데, 그 글에는 '자신은 한 아이의 아빠로서 양심적인 진료를 하겠다'는 내용을 비롯하여 환자 한 분 한 분에게 최선을 다하겠다는 내용이 담겨 있었다고 한다. 그 당시 대표님과 나는 환자의 입장에서 크게 감동하며, 상당히 오랜 시간 이와 관련된 주제로 토론을 했던 것이 기억난다.

환자의 입에서 오르내리도록 하는 것. 순수하게 감동해서 입에서 입으로 전파되는 것. 이 얼마나 성공적인 병원의 마케팅이란 말인가! 그 자체로 환자의 감동을 이끌어내는 '핫버튼 마케팅(Hot Button Marketing, 16가지 구매동기를 정의한 베리 페이그(Barry Feig)의 마케팅)'이 되는 것이다. 더 이상 인테리어 업체에서 붙여주는 뻔한 문구만으로는 환자의 마음을 움직일 수 없다. 자신의 철학과 목표를 바탕으로 한 병원의 콘셉

환자가 몰리는 병원은 서비스가 다르다

트는 그 자체로 훌륭하다. 그것을 환자에게 얼마나 제대로 어필하고 알릴 수 있는지가 관건이다.

대다수의 병원 경영자들에게 병원의 콘셉트가 있는지 물으면 선뜻 대답을 하지 못하는 경우가 종종 있다. 하지만 조금 더 심도 있는 대화를 나누다 보면 대부분 철학과 콘셉트를 가지고 있다. 다만 이것을 명확히 규정하지 못하고 진료에 반영시키지 못할 뿐이다. 지금 당장 병원의 명확하게 규정하고 환자에게 어필할 방법을 찾아보자. 생각보다 가까운 곳에 환자의 핫버튼이 있다.

4.

대문만 있어도
마케팅이 가능하다

입구 모습만으로도 이미지를 만들어라

새로 기획하는 프로젝트를 준비하던 중, 팀 컨설팅(TEAM CONSULTING)의 대표님께서 보여줄 곳이 있다며 나를 한 치과로 이끌었다. 그곳은 면적이 그리 크지 않은 건물의 꼭대기 층에 위치한, 동네에서 흔히 볼 수 있는 그런 치과였다. 그런데 1층 문을 열고 들어서자마자 나는 병원의 마케팅 스케일에 '압도'되었다. 수말이라 병원은 일찍 신료를 마친 시간이었지만, 배색을 이루는 로고와 간판의 불이 깨끗하고 환히 켜져 있어 뭔가 관리가 잘 되어 있다는 느낌은 받고 있던 터였다. 하지만 1층에 들어서자 그와는 다른 느낌이 나를 지배했다. 치과 밖 고요한 골목과는 다른, 그냥 아예 다른 세상인 것 같았다. 벽면 전체에 병원의 광고판이 환한 불을 밝히고 있었고, 세상에 치과는 그 치과밖에 없는 느낌이었다. 벽면을 장식한 광고판 속 진료과목에도 특별한 것이 없었는데도 세분화하여 열거한 것만으로도 굉장히 다양하고 차별화된 진료를 하는 매우 전문적인 느낌이 들었다. 만약에 내가 치아 치료를 받으러 치과를 찾던 중 이곳에 들어오게 된다면, 어쨌든 한 번은 경험하고 나가게 될 것만 같았다. 나는 아직도 그때 받았던 그 느낌을 지울 수가 없다.

이 병원은 어떻게 잠재고객인 나를 입도시켰던 것일까? 사실 병원 내부는 깜깜했고 병원에 대한 정보는 그 어떤 것도 얻을 수 없었다. 내가 볼 수 있었던 건 그저 병원의 안내판과 광고판이 전부였다. 그렇지만 나는 지금도 그 병원에 대해 '대단하고 엄청난 병원'이라는 한 이미지를 가지고 있다.

어느 날 미팅이 있어 사람이 붐비는 거리에서 지인을 만나기로 했다. 나는 초행길이라 일찍 도착하여 대기를 하고 있었고, 지인은 다른 약속을 끝내고 오는 길이었다. 우리는 통화를 하면서, 예약한 음식점 쪽에서 만나자고 얘기가 되었는데 그때 그 지인이 이렇게 말했다.
"건너편에 시계가 있는 치과가 있는데 그쪽으로 걸어오시면 됩니다."

시계가 있는 치과 앞에는 이미 약속 상대를 기다리는 수많은 사람들이 서 있었다. 이미 이 치과는 지역 내에 랜드마크가 되어 있었던 것이다.

이 병원은 옥외에 걸린 시계로 하여금 상권 내 잠재고객들의 뇌리에 확실히 박히도록 만들었다. 이미 외부 컨설팅을 공부하며 접했던 나 역시도, 그 커다란 불빛에 마치 왕년의 명동에라도 나온 듯한 기분이 들었으니 말이다. 그날로 짐작하건대 아마 '그 동네에 큰 시계가 있는 치과'라고 하면 모르는 사람이 없을 것 같았다.

깔끔하고 멋있는 외관도 마케팅이다

앞의 병원들은 외부 마케팅으로 고객의 마음을 움직이고 있다. 병원 내부 마케팅은 환자와 마주하는 접점을 비롯하여 소프트웨어와 휴먼웨어적인 부분을 주로 체크하게 되는 요소들이 많이 분포하고 있어, 고객 감동의 측면에서는 비교적 접근이 용이하다. 하지만 일단 환자가 병원을 방문하게 하기 위해서는 하드웨어적인 요소도 무시하지 못한다. 아무리 훌륭한 내부 시스템을 갖추고 있다고 해도 겉모습이 쓰러질 듯한 낡은 건물이라면 사람들은 발걸음 자체를 하지 않게 된다. 위의 사례처럼 하드웨어적인 요소로도 환자의 마음을 움직일 수 있다면, 그 병원은 고객 만족에 한 발짝 다가간 것이라고 할 수 있다. 동네 사람들이 다 아는 멋들어진 병원에 갔는데, 서비스까지 좋았다면, 그 병원은 금세 입소문을 타고 유명해질 것이 뻔하다. 그럼 그 후에는 내부 시스템을 결합시켜 더

환자가 몰리는 병원은 서비스가 다르다

좋은 고객 만족 서비스를 제공할 수 있는 것이다.

　꼭 화려한 인테리어와 어디서도 볼 수 없는 멋진 구조물을 만들어야 하는 것은 아니다. 대문만 있으면 그 대문을 어떻게 보이게 할 것이냐에 따라 얼마든지 우리 병원을 색다르게 브랜딩할 수 있다. 흔하디흔한 간판에 원장님의 사진과 함께 신념이 담긴 글을 쓴 현수막을 크게 걸어놓거나, 환자가 궁금해할 진료 관련 사진을 문 앞에 걸어놓는 등 눈길을 끌수 있는 무엇이든 좋다. 병원과 전혀 관계가 없는 커다란 시계를 걸어 랜드마크로 만든 것처럼 사람들의 뇌리에 박힐 수 있는 것을 생각해보자. 매일 보는 간판, 안내문도 우리 병원을 온 동네에 알릴 수 있는 좋은 재료가 될 수 있다.

5.

병원 스토리로
브랜딩하라

스토리는 차별화와 전략적인 포지셔닝으로 완성된다

바야흐로 브랜딩(Branding)의 시대가 도래했다. 예전에는 큰 기업들의 전유물이었던 브랜드가 기업을 넘어서 일반 개인들에게까지 퍼져나갔다. 퍼스널브랜딩을 위해 글을 쓰고 컨텐츠를 만들며 플랫폼 형성에 열을 올린다. 도대체 브랜딩이 무엇일까?

밴드 하면 대일밴드, 테이프는 스카치테이프, 세제는 퐁퐁 등 사언스럽게 바로바로 떠오르는 것처럼 무언가를 들었을 때 망설임 없이 바로 연상될 수 있도록 하는 것, 즉 브랜딩은 상품이나 서비스를 고유한 것으로 차별화할 수 있도록 유일한 식별 장치를 만드는 과정이다.

몇 년 전 인터넷에서 재미있는 글을 보았다. 국산 자동차와 수입 자동차에 붙여진 엠블럼을 모두 없애고, 오직 자동차 그대로만 보여주고 어떤 자동차가 예쁘냐고 묻는 사진이었다. 그 사진을 본 댓글에는 각자의 취향에 맞는 다양한 대답들이 올라왔다. 결과는 어떻게 되었을까?

곧이어 올라온 다음 사진에 사람들은 놀라움을 금치 못했다. 의외로 국산 차가 '가장 예쁘다고 생각하는 자동차'로 선정되었고, 현실에서 훨씬 인기가 많은 고가의 외제차들은 크게 표를 받지 못한 것이다. 최근 들어 외제차의 인기가 상당히 높아지고, 경제적으로 무리를 해서라도 구매하려는 소비자도 늘어나 '카푸어'라는 말까지 나오는 상황에서 이 글의 댓글은 많은 생각을 하게 한다.

소비자들의 구매심리에는 상품의 스펙이나 질 보다는 상품에 대한 인식, 즉 브랜딩이 큰 작용을 하고 있음을 알 수 있다. 실제로 외제차를 구매한 사람들에게 왜 이 차를 구매하게 되었는지 물어보면 차량의 스펙보다는 "예쁘기 때문"이라는 대답을 많이 한다. 하지만 위와 같은 블라인드 테스트 결과를 보면 어떤가? 내재 된 실제 이유는 다르다는 것을 알 수 있다. 사실 우리가 외제차를 사고, 명품을 구입하는 것은 '비싸고 고급스러운 이미지'가 크게 작용한다. 오죽하면 외제차는 승차감이 좋은 게 아니라 '하차감'이 좋다는 말까지 나오겠는가? 외제차의 엠블럼과 명품의 로고 등이 소비자의 경제력과 안목을 대신하여 말해준다.

그렇다고 브랜딩을 그럴싸한 엠블럼만 가지고 가능한 것이라 생각하면 오산이다. 그저 로고나 심볼을 만드는 것만이 브랜딩은 아니다. 브랜딩은 '고객의 머릿속에 어떻게 자리 잡고 있는가'에 대한 고유의 포지셔닝이 필수이다. 어떤 단어를 보았을 때, 혹은 어떠한 상황에서 제일 먼저 떠오르는 것들이 있다. 그것이 부정적인 느낌이 아니라, 내가 경험하고 싶고, 체험하고 싶은 긍정적인 이미지로 남는 브랜딩이 필요하다.

자 그러면 앞의 내용을 바탕으로 고객들이 병원을 선택할 때 어떤 루트를 가는지 함께 따라가보자. B정형외과는 안전하고 정확한 치료, 고령 환자들을 고려한 수술을 핵심 진료로 브랜딩하고 있다.

70대 고객 A는 무릎이 아파서 잘 걷지 못하는 상태로, 병원을 다녀도 별 효과가 없다. 자식들은 A가 걱정이 되어 여기저기 병원을 검색하며 고령 환자를 위한 병원을 찾아본다. 아무래도 연세가 있다 보니 시술로 가능한 병원을 찾고 있었는데 마침 B정형외과가 눈에 들어온다. 고령 환자들을 위한 무릎 시술로 건강을 되찾을 수 있다는 콘텐츠가 주를 이루고 있다. 실제로 B정형외과가 괜찮은지 주변 지인들에게도 물어보고, 더 많은 검색을 하며 정보를 모은다. A고객은 다른 여러 병원을 둘러보다가 마침내 B정형외과에 가기로 마음을 정한다.

고객의 시선에서 봤을 때 어떤 요소가 마음을 사로잡았을까? 바로 '고령 환자를 타깃으로 한 진료'였다. 브랜딩을 할 때는 주요 타깃을 명확하게 설정해야 한다. 간혹 좁은 타깃 선정이 병원에 안 좋은 영향을 미치지는 않을까 우려하기도 하지만 그렇지 않다. 오히려 타깃을 좁히고 명확하게 할수록 그 외의 환자들도 찾아오게 만든다. '고령 환자도 쉽게 치료할 수 있으면 우리 같은 젊은 사람한테도 좋겠는데?'라고 생각하고 문을 두드리게 된다. 만약 B정형외과가 고령 환자라는 차별점을 두지 않았다면 고만고만한 병원들 중 하나에 불과하게 된다. 그러면 고객의 선택은 결국 차별성 없는 '시설 좋고 저렴한 병원' 정도로 좁혀지게 된다. '고령 환자'와 같은 작은 조각만 던져라. 차별화는 멀리 있지 않다. 전략적인 포지셔닝으로 더 많은 환자들의 마음을 사로잡을 수 있다.

우리 병원의 아이덴티티는 무엇인가?

고객들은 달라지고 있다. 꼭 구매력에 제한을 두지 않더라도 사람들은 시대에 따라 계속 변화하고 있다. 옳은 것을 알려주어도 신뢰가 바탕이 되지 않으면 '믿을 수 없다'라며 반감을 갖게 되고, '다양성'을 내세워 획일화된 정보 전달은 거부한다.

소비자, 즉 고객도 마찬가지이다. 예전에는 가구 이름만 세 번 외치는 광고가 화제가 되기도 했다. 후킹성 노래에 빠져들기도 했다. 이제는 의미 없는 열거가 아닌, '스토리텔링' 필요하다. 버스에 적혀진 문구도 단순한 광고문구보다는 의미를 전달하는 방식이 더욱 이슈가 된다. 고객의 마음을 사로잡기 위해서는 스토리를 담아 메시지를 전달해야 한다.

식료품을 판매하는 사이트를 보더라도, 상품 설명을 매우 정성스럽게 적어둔다. 감성적인 문체로 적힌 상품 설명을 읽고 있노라면 상품을 구입하고 싶은 마음이 절로 든다. "○○ 지역에서 재배된 유기농 사과" 이것으로 끝나는 것이 아니라, "어떤 부부가 어떤 철학으로 ○○ 지역으로 귀농하여 매일 사랑을 담아 키워내는 사과"라는 글로 차이를 두는 것이다.

농작물을 재배하는 농부의 심정은 다 똑같다. 자식을 키우듯이 온 애정을 담아 정성스럽게 재배하고, 날씨에도 큰 타격을 받는 특성상 출하가 될 때까지 긴장의 끈을 놓을 수 없다. 하지만 그것을 어떻게 스토리화하여 브랜딩하느냐의 결과는 매우 다르다. 이렇게 광고하는 곳에서 물건을 사면, 사랑하는 우리 집 식구들의 건강에 일조하는 가족 구성원으로서의 역할을 톡톡히 해내는 것 같은 느낌이 들게 만드는 것이다.

게다가 이벤트는 또 어떠한가? 기존 고객들이 구매한 물건들을 SNS에 올리며 자연스럽게 공유하고, 일상에 녹아들어 다른 사람들의 구매욕을 불러일으키게끔 유도하는 식이다.

이런 마케팅을 병원에는 어떻게 적용할 수가 있을까? 신규 고객을 모집하는 광고보다는 기존 환자의 마음을 사로잡는 것이 적은 비용으로 더 큰 효과를 볼 수 있다. 기존 고객에게 집중해서 우리 병원에서의 소중한 경험을 심어줄 수 있다.

한 산부인과는 크리스마스에 큰 트리와 산타클로스를 두고 포토존을 만들어 크리스마스 시즌에 방문한 환자들에게 즐거운 경험을 선사했다.

아이들과 함께 방문한 환자들은 사진을 남겨 SNS에 올리게 되고, 자연스럽게 많은 잠재고객들에게 전파되었다. 어떤 한의원은, 의사가 환자를 진료할 때마다 환자에게 자신의 신비한 경험을 한 가지씩 이야기를 해주었다. 그러자 따뜻한 이야기꾼 의사라는 소문이 퍼지게 되어 동네에 자리 잡게 되었다. 이렇게 좋은 경험을 한 기존 환자들의 입소문이 다른 고객들의 인식 속에 자연스럽게 녹아들어야 한다.

여기서 잊지 말아야 하는 것은, 브랜딩의 목적이다. 어떠한 이슈로 인해 한때 잠깐 스치는 고객들은 장기적으로 기업에 큰 가치를 남기지 못한다. 한 번 왔다 가는 뜨내기 고객이 아닌 장기 고객을 유치하는 것이 우리의 목표가 되어야 한다. 단순 노출이나 아무 의미 없는 세뇌성 문구를 통해서는 이와 같은 장기 고객들을 유치하기 어렵다. 무작정 좋아 보이는 것을 닥치는 대로 하는 것이 아니다. 우리가 잘 할 수 있고, 잘 하고 있는 것에 대한 것에 대해 생각해야 고유한 브랜딩이 가능하다.

오늘부터 우리 병원의 아이덴티티를 찾고, 진료의 품질을 어필할 수 있도록 하는 브랜딩을 전략적으로 구상해보자. 병원의 목표와 비전, 핵심, 가치 등을 점검하고, 우리 병원이 내세울 수 있는 것을 찾는 것이다. 단점도 브랜딩하면 최고의 장점이 될 수 있다.

6.

고객감동 서비스로
마케팅 하라

'안돼요'라는 거절보다 '방법을 찾아보겠습니다!'

이제 서비스도 마케팅이다. 고객을 만족시키는 단계가 최종 목적지가
아니라, 그것을 넘어서 고객들에게 감동을 선사하는 서비스를 제공해야
한다. 고객 감동서비스, 그 중심엔 도쿄 디즈니랜드가 있다. 도쿄 디즈니
랜드는 1983년에 개장한 일본 도쿄에 위치한 놀이공원으로, 수많은 감동
일화들이 쏟아져 나오며 CS의 교과서라고 불린다. 그 중, 우리가 병원에
활용할 수 있는 몇 가지 서비스 이야기를 소개해보려고 한다.

도쿄 디즈니랜드에는 연간 불만과 감사 등 다양한 내용의 편지들이

환자가 몰리는 병원은 서비스가 다르다

5,000통 정도 도착한다고 한다. 도쿄 디즈니랜드가 개장할 때부터 각종 교육 담당과 직원 관리를 했던 코마츠다 마사루는 도쿄 디즈니랜드의 서비스를 적은 『도쿄 디즈니랜드의 감동 서비스 이야기』에서, 이런 에피소드나 불만을 담은 편지가 캐스트라고 불리는 디즈니랜드 직원들의 의식을 고취하고 고객을 감동하게 하는 수준의 서비스를 하는 것에 토대가 된 것임에 틀림없다고 말한다. 고객의 목소리에 귀 기울이고, 계속해서 보완해나가려는 열린 자세가 돋보이는 대목이다.

도쿄 디즈니랜드의 개장 전, 일본 스태프와 미국에서 파견되어 온 스태프들이 모였다. 일본 전통의상인 기모노를 입고 오는 고객들 때문이었다. 기모노는 긴 천을 몸에 돌돌 말아 입는 일본 전통의상인데 이 의상으로 인해 디즈니랜드를 제대로 즐기기 어려울 것을 보고 대응 전략을 짰다. 특히 도쿄 디즈니랜드의 스릴 랜드라는 좁은 공간을 달리는 제트 코스터와 '카리브의 해적'과 같이 물이 튀어 오르는 탈 것이 문제였다. 기모노의 천이 날려 철 기둥에 걸리거나 옷이 젖으면 고객의 안전과 편의에 문제가 될 수 있기 때문이다.

일본인 스태프들은 "문제가 생기지 않도록 기모노를 입은 고객은 탈 것을 금지하자." 혹은 "기모노를 입은 고객이 놀이시설을 타지 못하게 되면 실망할 수 있으니 기념으로 가지고 갈만한 특별한 팸플릿을 준비하자." 등의 의견을 내었다. 그것을 듣고 있던 미국인 스태프는 "당신들은 일부러 시간을 들여 멋 부리고 온 고객을 어트랙션에 타지 못하게 하는 방법만 토론하고 있는데 그것은 고객에 대한 서비스 정신이 결여되어 있는 것이라 생각한다. 돈을 지불한 고객에게는 모든 즐거움을 누릴 권리가 있다. 그것을 어떻게 하면 실현시킬지 생각해내는 것이 우리들의 역할이다."라고 나무랐다고 한다.

일본인 스태프들이 고민한 방향은 '어떻게 기모노 입은 고객의 탑승을 거절할 수 있을까'에 초점이 맞춰져 있었다. 일본인 스태프는 기모노를 입은 고객에게만 기모노를 입고 탈 수 있는 어트랙션과 기모노를 입고는 탈 수 없는 어트랙션을 안내한 팸플릿을 전달하는 것은 어떨지 건의했으나, 미국인 스태프는 그 안내대로 지켜지지 않았을 때에는 팸플릿을 제대로 읽지 않은 고객을 탓할 것이냐며 쓴 소리를 했다고 한다. 미국인 스태프는 어떻게 해서든 기모노 입은 고객까지 즐길 수 있는 방법을 생각해보자고 했던 반면, 일본인 스태프는 스태프들의 상황에 맞추어 고객들을 타지 못하게 하는데 초점을 맞춘 것이다. 도쿄 디즈니랜드도 처음에는 이런 시행착오를 거쳤었고, 미국 측의 엄격한 지도와 토론의 결과 현재는 최고의 서비스를 하는 곳으로 다시 태어나게 되었다.

이 사례를 통해 고객의 입장에 이입되는 정도에 따라 서비스의 질이 달라진다는 것을 알 수 있다. 여기에서 말하는 서비스의 질이라는 것은 "안 돼요."를 "죄송하지만 안 됩니다."라고 바꿔 말하는 정도가 아니라, 고객이 원한다면 '안 되는 것을 되게 할 수 있을 정도'의 고객 관점에서의 서비스를 말한다. 일본인 스태프가 제안한 서비스를 제공하면 당장 위험한 사고가 생기는 것을 막을 수는 있겠지만, 결국 고객은 떠나간다. 하지

환자가 몰리는 병원은 서비스가 다르다

만 미국인 스태프가 고민했던 것처럼, 기모노를 입은 고객들까지 모두 안전하고 즐겁게 어트랙션을 즐길 수 있다면 결국 고객은 다시 도쿄 디즈니랜드를 찾고 재방문자가 늘어날 수 있다는 것이다.

상대를 존중하고 고려하는 서비스를 하라

우리는 이 단순한 결과를 미리 예측하지 못하고, 부정적인 결과를 도출할 방법을 수십 개, 수백 개 만들어내곤 한다. 어떻게 하면 안 된다는 것을 좋게 얘기할 수 있을지, 심지어 어떻게 하면 우리를 힘들게 하는 환자가 자연스럽게 우리 병원을 떠나게 할 수 있을지까지 궁리한다. 결국 거절의 의미라는 것쯤은, 환자들도 모두 알고 있다.

가끔 환자와의 대화에서 정곡을 찔릴 때가 있다. "그래서 안 된다는 거죠?"라거나 "지난번에 안 된다고 하셔서 다른 병원에 가서 진료를 받았는데…."라는 말을 들을 때이다. 결국 우리가 아무리 좋게 이야기해도 그것이 '거절의 뜻'이라면 환자는 우리 병원에서 멀어져간다. 만약 우리가 다른 방법을 안내했으면 어땠을까?

내가 존경하는 Y병원의 원장님은 환자에게 여러 가지의 치료 방법을 안내한다. 가장 좋은 치료 계획을 안내하고, 환자와 충분히 소통한 후에 환자가 원하는 바를 진료에 최대한 반영한다. 의사로서 진료에 대한 확

고한 신념과 철학을 져버리지 않으면서도 환자가 원하는 바를 파악하여 모두가 만족하는 진료를 하는 것에 만족한다. 물론 당치도 않는 환자의 주장을 무조건 수용한다는 것이 전혀 아니다. 환자의 입장에서 어떤 마음일지를 충분히 고려해서 진료에 문제가 되지 않는 선에서 진행하는 것이다. 이것이 바로 도쿄디즈니랜드처럼 '어떻게 하면 실현 가능한가?'의 생각과 같다.

상대방을 충분히 고려하는 서비스를 했을 때 오히려 고객을 리드하기도 쉬워진다. 반면 자신의 주장만 펼치는 서비스를 했을 때에는, 고객과의 타협도 되지 않고 감정적으로만 부딪히게 될 수 있다. 고객의 입장에서 하는 생각은, 서비스도 어렵지 않게 만들어준다.

이 책에 따르면, 도쿄 디즈니랜드에서는 호스피탈리티(hospitality) 넘치는 서비스를 하기 위해 'Courtesy'라는 명확한 개념을 두고 있다고 한다. 호스피탈리티의 사전적 의미는 '환대'이며, Courtesy는 예의, 공손함, 정중함 등을 이르는 말인데, 이 호스피탈리티를 Courtesy라는 말로 대체한다. 도쿄 디즈니랜드가 이러한 서비스를 얼마나 진심으로 생각하는지는, 도쿄 디즈니랜드의 신입 연수 기간 중 월트 디즈니가 디즈니랜드를 만들기까지의 과정을 설명하는 수업의 내용을 보면 답이 나온다. 그 시간은 사고방식이나 예의에 대한 교육을 하는 시간으로 인간의 사고방식의 본질에서부터 차근차근 접근해서 교육한다. 그래야 처음 보는 고객에게 배려 깊은 서비스를 제공할 수 있다는 것이다.

신입 연수 클래스에 대한 이야기를 듣고 나는 '아, 이거다!'라는 생각이

환자가 몰리는 병원은 서비스가 다르다

퍼뜩 들었다. 내가 지금까지 사회에서 느꼈던 많은 고민들의 해답이 이 안에 다 들어 있는 것 같았다. 신입직원들을 교육할 때마다 "왜요?", "왜 그렇게까지 해야 하는데요?"라는 질문에 당황한 적이 한두 번이 아니다. 어떻게 하면 직원들이 스스로 깨닫고 병원의 비전과 목표를 향해 함께 나아가며 통일된 서비스를 제공할 수 있을지 고민했다. 개인의 다양성을 존중한다는 핑계로 '우리는 디즈니랜드의 서비스를 할 수 없다'며 어쩌면 핑계 아닌 핑계를 댄 건 아닌가 싶다.

사회가 변화되어도 항상 기본은 변하지 않는다. 개인의 다양성을 존중하면서 병원의 본질, 고객의 본질을 잊지 않고 예를 다해 대하면 상대 또한 예를 표현할 것이다. 이를 기본으로 병원의 철학과 비전을 함께 공유한다면 자연스럽게 고객에게 감동 서비스를 제공하게 될 것이다.

7.

고객이 "와우(WOW)!" 하는
서비스를 제공하라

고객조차 생각지 못한 놀라운 서비스를 하라

몇 년 전부터는 고객들에게 감동을 선사해서 '와우!'소리가 나오게 하는 '와우 서비스(WOW Customer Service)'가 각광받고 있다. 고객의 입에서 감탄이 나올 정도의 서비스는 고객이 기대하는 것 이상의 서비스를 제공해야 가능하다. 고객 만족을 넘어 고객 감동을 위해 충족시켜야 할 조건 중, 우리가 수복해야 할 것은 '친밀감'이다. 친밀감은 친절, 친근을 넘어서 상대방의 사적인 영역까지도 불편하지 않게 넘나든다.

일본의 어느 초밥집에서 70대의 모친과 그 딸이 같은 초밥을 주문했다고 한다. 70대 모친이 "이 초밥 먹기 편하네."라고 말하며 초밥을 먹고 있는데, 딸이 초밥을 만들고 있는 장인을 보고 깜짝 놀라게 된다. 그 장인은 모친의 초밥에만 살짝 칼질을 하여 먹기 편하게 만들고 있었던 것이다.

결과보다도 놀라운 것은, 그 과정이다. 70대 노인에게 먹기 편한 초밥을 대접하기 위해 그 장인은, 고객을 보고, 이입한다. 자신이 70대 노인도 되어보았다가, 자신의 어머니를 떠올려보기도 한다. '어떻게 하면 좀 더 맛있게 음식을 먹게 할 수 있을까'를 고민하였고, 초밥에 칼질을 넣는 방법으로 고객에게 감동을 줄 수 있었다.

한 소아과의 의사 중 명의로 알려진 한 의사는 항상 의사 가운 주머니에 손을 넣고 어린 환자들을 진료한다고 한다. 한 사람이 그 의사에게 왜 항상 가운 안에 손을 넣고 있는 것인지 묻자, "어린 친구들은 차가운 손으로 만지거나 하면 깜짝 놀라는 경우가 많아서요."라고 대답했다고 한다.

치과의사 중에도 비슷한 의사들을 종종 접한다. 마취약이 차가우면 환자가 느끼는 불편감이 크기 때문에, 실온에 놓고 사용하는 것을 넘어 주머니 속에 넣어놓고 자신의 체온으로 따뜻하게 데워 마취를 할 때 사용하는 것이다.

나도 처음에 이런 원장님을 마주하고 "와우" 했었다. 공감과 배려가 바탕이 된다면, 우리가 근무하는 곳에서도 의외로 굉장히 많은 포인트에서 고객이 만족하는 서비스를 할 수 있고, 환자를 감동하게 할 수 있다.

미국의 성공한 비즈니스 모델로 꼽히는 온라인 신발 쇼핑몰 자포스 (Zappos)는 연 매출 10억 달러, 재구매율 75%, 순고객추천지수(NPS) 90 점대로 서비스를 통해 역사를 이뤄낸 기업이다. 자포스 서비스의 특별한 점은, 직원들이 자율적으로 판단하고 행동하면서 고객 한 명 한 명에게 감동 서비스를 제공한다는 점이다. '최고의 고객가치, 행복을 창조하는 회사'라는 경영철학은 매우 유명하다. 실제로 자포스는 온라인으로 신발 과 의류를 판매하며 고객들에게 언제나 최상의 서비스를 제공하려 노력 했고, 행복한 직원들이 진정한 친절을 베풀 수 있다고 생각해 직원들에 게도 최고의 복지를 제공했다고 전해진다.

고객의 어떤 요청에도 성심성의껏 응대하라

저자 이시즈카 시노부의 『불황을 이기는 힘, 자포스에서 배워라』에서 는 자포스의 서비스 마인드가 담긴 유명한 일화를 소개한다. 자포스의 CEO인 토니 셰이(Tony Hsieh)는 자포스의 서비스 마인드를 소개할 때 면 다음의 이야기를 자주 거론한다고 한다.

토니와 자포니언(Zapponian; 자포스에서는 직원을 자포니언이라고 부른다) 몇 명이 스니커즈 브랜드인 스케쳐스(Skechers)에 조대되어 남 캘리포니아를 방문했을 때의 일이다. 일을 끝낸 자포니언과 스케쳐스 직 원은 밤늦도록 찻집과 술집을 오가며 많은 이야기를 나누게 되고, 밤늦

환자가 몰리는 병원은 서비스가 다르다

게 산타모니카의 숙소에 돌아왔을 때 누군가가 피자를 먹고 싶다는 말을 꺼낸다. 그때 누군가가 자포스에 전화해보자는 재미있는 제안을 하게 되고, 스케쳐스 직원의 휴대폰으로 자포스에 전화를 걸어 현재 자신의 상황을 설명해보았다.

"여보세요. 제가 지금 산타모니카의 호텔에 있는데요, 피자가 너무 먹고 싶어요. 그런데 시간이 늦어서 룸서비스도 안 되고 초행이라 주변에 식당이 있는지도 알 수가 없어요. 어떻게 안 되겠습니까?"

스케쳐스 직원의 말이 끝나자마자 자포스의 직원은 이렇게 대답했다고 한다.

"잠시만 기다려주세요. 저, 지금 묵고 계신 호텔에 피자를 배달해줄 피자집을 몇 군데 찾았습니다. 메모 가능하세요?"

그리고 가게 이름과 전화번호를 불러주었다.

이는 실제로 일어난 일이며, 자신들의 업무와 관련이 없는 일에도 친절하게 도움을 주었다는 것이다. 이렇게 응대할 수 있었던 것은, 평소 고객 만족을 위해 고객의 어떤 요청에도 성심성의껏 응대를 하도록 교육을 받았기 때문에 가능한 일이었다고 한다. 정말 놀랍지 않은가? 자포스는 고객이 어떤 질문을 하건 "와우!(WOW)"라는 감탄사를 내뱉을 수 있는 방법을 알고 있는 것이다. 자포스는 고객을 대할 때, 친밀감을 내세워 인간적인 모습으로 다가간다.

내일부터 병원에 온 환자들에게 친절을 넘은 친밀 서비스를 시행해보는 것은 어떨까? 아파서 온 환자들은 이미 마음이 불편한 상태이다. 그 마음을 어루만져주고 편안하게 진료를 받을 수 있도록 도와준다면 환자의 마음은 활짝 열릴 것이다.

이 친밀 서비스는 내가 굉장히 흥미롭게 생각하는 분야이다. 지난번에 군대에 간다고 했던 자녀분은 잘 가셨는지, 할머니의 칠순 잔치는 즐거우셨는지 환자에게 관심만 있다면 어렵지 않게 접근할 수 있다. 예전에 내가 근무하는 병원에 30대 초반의 여성 환자가 진료를 받으러 온 적이 있었다. 그 환자와 치료 계획을 세우던 중, 결혼식 날짜를 알게 되었고, 그 전까지 진료가 마무리될 수 있게 도와주겠다고 약속하여 예정된 시간까지 잘 마무리가 되었다. 그렇게 보름 정도가 지나고, 나의 스케줄러에 표시해놓은 그 환자의 결혼식 날짜가 되었다. 나는 환자에게 나의 진심을 담아 결혼을 축하한다는 문자를 보냈고, 환자는 신혼여행을 다녀온 후에 남편과 함께 다시 우리 병원을 찾아왔다. 그때 서로 느낀 그 감동은 아직도 잊히지 않는다.

우리가 어떠한 서비스를 제공할 때, 꼭 생색을 내서 낭상 100원만 쓸 것을 1,000원을 쓰게 해야 잘한 서비스가 아니다. 우리가 추구하는 것은 상업주의의 합리성만이 아니기 때문이다. 자본주의의 세계에서 생산성

을 위한 서비스도 존재하지만, 그것 이전에 진심으로 고객을 위한 마음
이 "와우(WOW)!"를 내뱉게 한다는 것을 기억하자.

8.

최적의 마케팅을 위한
병원분석 툴을 활용하라

우리 병원을 위한 분석 도구는 무엇일까?

간단한 이벤트를 하나 준비하더라도 신중에 신중을 거듭해야 한다. 그저 다른 병원에서 했다고, 요즘 이런 이벤트가 유행한다고 해서 따라 하는 건 우리 병원의 브랜딩에 아무런 도움도 되지 않는다. 우리 병원의 환자군 특성과 지역적 특색, 위치, 콘셉트와 방향성에 따라서 마케팅 내용은 달라질 수 있다. 이때 무작정 분석하려고 하면 쉽지 않다. 여러 분석 도구 중 우리 병원에 적합한 것을 골라 적용해보자.

1. 7S 프레임워크

2. SWOT분석

3. 프레임워크 4P 전략

컨설팅에 관심이 있는 사람이라면 세계적인 컨설팅 기업 맥킨지 (McKinsey)에 대해 들어본 적이 있을 것이다.

맥킨지에서는 성공적인 경영을 위해 그들이 개발한 도구를 이용하는 데, 자그마치 7개의 요소로 이루어져 있다. 전략(Strategy), 조직구조 (Structure), 시스템(System), 직원(Staff), 기술(Skill), 행동 양식(Style), 공유가치(Shared value) 이렇게 S로 시작하는 7가지의 요소는 '7S 프레임워크'라 불린다. 7S 프레임워크는 하드웨어 세 개와 소프트웨어 네 개로 이루어져 있으며, 모든 전략 수립의 과정에서 이 7가지를 고려하여 시스템을 기획하는 것이다.

우리 병원은 어떠한가? 이 모든 것을 고려하여 마케팅을 진행하고 있는가? 어떤 소재도 우리 병원의 마케팅으로 연결시킬 수 있지만, 적어도 SWOT분석 정도는 해야 위험 요소를 줄일 수 있다.

SWOT분석은 많이 알고 있다시피 강점(Strength), 약점(Weakness), 기회(Opportunity), 위협(Threat)을 분석하여 전략을 세우기 적합하다.

나는 이와 함께 실행하기에 좋은 프레임워크 4P 전략을 추천한다. 프레임워크 4P 전략은 상품(Product)과 가격(Price), 유통(Place), 촉진(Promotion)의 4가지로 구성되는 전략으로 Marketing Mix라고도 불린다.

내가 이 방법을 추천하는 이유는 경쟁상대와 우리의 마케팅을 비교할 수 있어서 직관적으로 우리의 문제점을 알아보기 쉽고, 실무에 적용하기에 적합하다고 느꼈기 때문이다. 4P로 정리하면, 경쟁상대의 정책 패턴도 알아보기 쉽다. 이 4가지 요소 중에 하나라도 누락된 것이 있는지 확인해보는 작업만으로도 서비스 및 마케팅의 성공에 큰 도움이 될 수 있다.

4P 전략을 활용한 사례 중 대표적인 기업에는 우리가 잘 아는 '스타벅스(Starbucks)'가 있다. 좋은 원두로 상품(Product)의 질을 높이고 모든 곳에서 같은 맛을 낼 수 있도록 맛의 표준화 전략을 세운다. 프리미엄 정책으로 높은 가격(Price)을 측정하였으며, 유동 인구가 많은 상권에 직영으로만 관리되는 매장을 두는 유통(Place)방식을 택한다. 입소문이라고 하는 바이럴 마케팅과 사회공헌활동의 프로모션(Promotion)을 진행한다. 이것이 스타벅스의 4P 전략이다.

이 외에도 마케팅의 기본 프레임워크를 우리 병원 서비스에 적용해보면, 많은 환자가 오기를 기대하는데 환자가 접근하기 힘든 구조라거나, 예약제인데 환자가 느끼는 프라이빗한 부분이 결여되어 있다거나 하는

환자가 몰리는 병원은 서비스가 다르다

모순적인 부분을 찾아낼 수 있고, 다른 병원과의 차별화 정책을 세울 수도 있다. 전문가가 아니어도 할 수 있다. 지금부터 우리 병원도 발전을 위한 병원 분석 프레임워크를 도입해보자.

Part.6

우리는 우리의
첫 번째 고객,
VIP다!

-

좋은 서비스를 느껴본
사람만이 좋은 서비스를
할 수 있다

1.

감정 노동으로부터
우리를 지키자

지금이라도 스스로 자신을 지켜야 한다

'감정노동'이란 말은 불과 몇 년 전에 생긴 것으로 10년이 채 되지 않았다. 고객이 왕이었던 시절, 감정노동이라는 말은 사치였다. 당연히 친절해야 했고, 당연히 감수해야 할 몫이었다. 하지만 시대가 달라지면서 법적 보호법이 시행되었다.

한국산업안전보건공단의 설명에 따르면, 감정노동이란 '직업상 고객을 대할 때, 자신의 감정이 좋거나 슬프거나 화나는 상황이 있더라도 회사에서 요구하는 감정과 표현만을 고객에게 보여주는 고객 응대 업무를 하는 노동'이라고 명시하고 있다.

　환자가 대기시간이 길다고 고래고래 소리를 질러도 죄송하다고 거듭 사죄하며 환자를 안심시켜야 하는 일, 왜 치료가 다 끝나지도 않았는데 돈을 받느냐며 항의하는 환자를 납득시켜야 하는 일, 치료를 위해 어쩔 수 없는 타진에도 왜 통증을 가하냐며 박차고 일어나는 환자를 진정시키는 일 등은 '감정노동'임과 동시에 우리가 업무를 하면서 갖춰야 할 자세이기도 하다. 2016년부터 2019년까지 조사한 통계청의 자료를 보면, 우리나라에 대략 1253만 명의 감정노동자가 있다고 한다. 그 가운데 우리의 일, 의료 서비스직도 물론 포함되어 있다.

　고객 응대 근로자가 고객의 폭언 등 괴롭힘으로 인해 얻게 될 수 있는 건강장해에 대한 사업주의 예방조치를 핵심으로 하는 감정노동자 보호법이 시행된 것은, 불과 몇 해 전인 2018년 10월 18일부터이다. 그렇지만 이 법이 생겼다고 해서, 감정노동으로 받는 스트레스와 정신적인 피해가 사라지는 것은 아니다. 일부 몰지각한 고객의 행패는 변함이 없고, 근무자들 또한 여전히 회사의 입장에 맞추어 말투나 표정 등을 연기해가며 감정을 억누르는 업무를 해야만 한다.

　그렇다고 언제까지 '서비스업은 원래 힘든 거니까 나도 힘들 수밖에 없어.'라는 프레임에 갇혀 있을 것인가? 물론 감정노동으로 인한 정신적 피해를 겪은 사람들은 보면 나 또한 남 일 같지 않다. 심리학책에서 보니 갑질은 '철저한 나르시시즘의 발로'라고 하던데, 그것을 표출하는 도구가 왜 우리와 같은 서비스직인지도 이해할 수 없다. 하지만 스스로 이 일을 선택하고 행한다는 것에 책임감을 가질 필요는 분명히 있다. 그 와중에도, 고객들의 마음을 사로잡아 서비스업을 성공으로 이끄는 선구자가 있기 마련이다. 성공한 서비스 종사자가 되고 싶다면, 지금이라도 스스로 자신을 지켜야 한다고 이야기하고 싶다.

근무하면서 받은 스트레스가 본인의 성격에 녹아들게 되어 성격이 괴팍해지고, 자신이 끔찍하게 여겼던 고객의 태도를 그대로 하는 사람들이 늘어나면서, 서비스직에 종사하는 사람들의 성격이 속된 말로 '더 지랄 맞다.'는 얘기까지 나온다. 앞서 이야기한 1253만 명의 서비스직 감정 노동자가 듣고 발끈해야 할 이야기이지만, 그러기엔 실제로 이런 일들이 너무 많이 일어나고 있다.

서비스인으로서 스트레스 관리는 필수다

우리는 자기 자신을 돌아볼 필요가 있다. 단순히 '그런 행동은 나쁘니까 하면 안 된다.'라는 이야기를 하려는 것이 아니다. 자신의 스트레스 관리가 되지 않으면 피해는 고스란히 '나 자신'에게 올 수 있다는 것이다. 유순한 사람이 업무로 인해 변화했다면, 그런 사나운 성격이 되기까지 도대체 얼마나 많은 스트레스와 힘든 시간들을 지나왔다는 것일까. 어쩌면 주위의 차가운 행동과 바늘같이 따가운 말들 속에서 자기 자신을 방어할 수 있는 방법은 똑같이 뾰족해지는 것뿐이라고 생각했었는지도 모른다.

하지만 우리는 서비스인이다. 오늘의 내 마음을 모두 다 표출해야만 직성이 풀리는 어린아이도 아니고, 혼자만의 공간에서 자신의 마음이 이끄는 대로 예술 활동을 펼치는 직업을 가진 것도 아니다. 타인을 응대해야 하는 우리의 이번 생에서, 나의 감정은 나의 고객에게도 매우 밀접하게 스민다. 이미 지칠 대로 지쳐 잔뜩 예민해져 있는 사람이 타인에게 따뜻한 행동과 부드러운 행동을 한들, 그것이 고객에게 진심으로 닿을 수 있을까? 과연 긍정적인 서비스 에너지가 뿜어져 나올 수 있을까? 그런 사람에게 서비스를 받아야 하는 고객은 무슨 죄인가?

고객들의 만족을 넘어서 고객 감동까지 생각해야 하는 직업을 가진 사람으로서, 자신의 스트레스 관리는 더욱 중요하다. 건강한 나무에서 양질의 과실이 열리듯이, 행복한 사람에게서 기분 좋은 서비스가 나올 수 있기 때문이다. 건강하고 행복한 서비스를 하려면, 자기 자신부터 돌봐줄 필요가 있다.

즐기면서 일하라

우리가 일을 하면서 자신을 관리할 수 있는 가장 효과적인 방법은 즐기며 하는 것이다. '천재는 노력하는 자를 이기지 못하고, 노력하는 자는 즐기는 자를 이기지 못한다.'라는 말이 있다. 이 말은 즉, 어떤 일을 하든 즐기면서 일할 줄 아는 사람이 자신의 전문 분야에서 최고가 될 수 있다는 것을 의미한다.

화장품을 구입하기 위해 백화점에 들른 적이 있었다. 먼저 평소 사용하는 기초 제품을 사기 위해 B매장으로 갔다. 처음 보는 직원이었지만 밝은 표정으로 맞이해주어서 매우 환영받는 느낌을 받았다. 내가 어떤 제품에 눈길만 주어도 그 제품에 대해서 자세히 설명해주고, 짧은 시간이었지만 빵빵 터지는 즐거운 수다를 떨었다. 매장의 직원들도 사이가 좋은지, 이야기하고 있을 때 함께 와서 얘기를 거들기도 하고, 서로 업무도 도와주는 모습이 고객인 나를 편안하게 만들어주었다.

기분 좋게 쇼핑을 마치고 B매장에서 나와 다른 매장을 둘러보다가 평소에 눈여겨보았던 립스틱을 사기 위해 이번엔 H매장으로 갔다. 립스틱의 제형이 마음에 쏙 들었는데 어울리는 색상이 무언지 인터넷으로만 봐서는 감이 오지 않아 오프라인 매장 직원의 도움을 받을 요량으로 들른 것이었다. 립스틱이 전시되어 있는 곳으로 가서 색상을 보여달라고 하는데 들려오는 매몰찬 대답, "거기서 보시면 돼요." 나는 이게 과연 백화점의 서비스가 맞나 싶었다. 다시는 안 올 고객이 가장 무서운 고객이라고 했던가. 나는 혼자 얌전히 색상을 체크하다가, 도대체 나에게 맞는 색상이 뭔지 알 수 없어 결국 구매를 포기했다. 손등에 묻은 립스틱을 지우려 "죄송하지만, 물티슈 있을까요?"라고 묻는 내게 H매장 직원은 느릿한 시선으로 두리번거리다가, 아무 말 없이 미끌미끌한 클렌징을 묻힌 솜을 나를 쳐다보지도 않은 채, 한 손으로 건네주었다. 그때 나는 '이 사람은 이 일을 왜 하는 걸까?'라는 생각을 했다.

두 매장의 직원을 보면서, 앞서 이야기했던 성공하는 감정노동자와 프레임에 갇힌 감정노동자의 모습이 뚜렷이 대비되어 보였다. 해야 할 역할을 알고, 업무를 즐기며 하는 모습의 직원과, 자신의 역할을 아는지 모르는지 자기 자리에 앉아 시간 가기만을 기다리고 있는 직원. 당연히 즐기며 하는 사람이 업무로 인한 스트레스도 덜 받을 수밖에 없다.

몸의 건강은 기본 중의 기본이다

'즐거움'은 꼭 업무에 국한된 것이 아니다. 즐겁게 살아야 인생이 즐겁다고 하지 않는가? 주로 이런 문구와 함께 연상되는 장면은, 핑크색 헤드밴드를 하고 에어로빅을 하는 60대 주부의 모습, 혹은 나이를 알아볼 수 없을 정도로 반질반질한 피부를 가진, 늘 웃으며 산다는 70대 남성의 모습 등이다. 뭐든지 즐겁게 하는 사람은 건강도 지킬 수 있다. 건강은 모든 것의 기본이다.

몇 년 전까지만 해도 나는 건강의 중요성을 간과하며 살았다. 일하는 것이 1순위였고, 틈틈이 놀기 바빴다. 순위로 따지자면 건강관리는 저 밑에 가 있었다. 시간이 지나 나는 응급실을 원 없이 다녔고, 이제는 건강이 1순위라는 것을 누구보다도 잘 안다. 결과적으로 나는 내가 정말 원하는 일을 하지 못하게 된 후 생각이 굉장히 많이 달라졌는데, 이 글을 보는 사람들은 나처럼 최악의 상황을 맞이하기 전에 건강관리를 잘 할 수 있기를 바란다.

건강관리는 꼭 다른 사람들에게 보이는 모습만을 위한 것이 아니다. 그저 자신의 업무만을 위한 것도 아니다. 그 모든 것을 포함하는 자신의 인생을 위한 것이다.

생각지도 못했던 건강이 나의 꿈을 방해했을 때, 나는 정말 팔다리가 잘린 느낌이었다. 몸뚱이는 있지만 아무것도 할 수 없는 느낌이랄까. 내가 하고 싶던 병원 컨설팅, 강의, 병원에서 환자를 마주하는 일은 나의 체력이 따라주지 않으면 절대 안 되는 일들이었다. 체력 저하로 아무것도 할 수 없다고 생각하며 가장 먼저 든 생각은 '너무 아깝다'였다. 아쉬운 마음보다 아깝다는 표현이 더 맞을 것이다. 나의 재능과 나의 열정이 너무 아까웠다. 내가 잘 아는 것과 잘하는 것을 많은 사람들에게 알려주고 싶었고, 누군가에게 도움이 되는 사람이고 싶었는데 나의 안일한 생각이 모든 기회를 날려버린 것이다.

그래서 오랜 시간 동안 몸이 보내는 신호에 집중했다. 졸음이 오면 잤고, 몸이 아프면 운동을 했다. 그동안은 이런 가장 기본적인 것도 지키지 못했던 것이다. 몸짱이 된 것은 아니지만 내가 할 수 있는 범위 내에서는 최선을 다했다. 그 이유는 단 하나! 내 목적에 따라 내가 하고 싶은 일을 오랫동안 성공적으로 해내고 싶기 때문이었다. 건강한 신체에 건강한 정신이 깃든다고 하지 않는가? 나는 내가 가진 건강한 에너지가 고객들에게 잘 전달되기를 바랐다.

자신의 재능을 건강으로 잃지 않았으면 한다. 분명 그 재능을 귀하게 여기는 사람이 있을 것이고, 기다리는 고객들이 있다. 그리고 그 이전에 나의 인생이 있다. 스트레스와 건강관리, 정신과 육체는 하나다. 무엇 하나도 소홀히 해서는 안 된다. 스스로를 돌볼 때, 고객은 나로 인해 웃고, 나는 꿈꾸던 삶을 살 수 있다.

2.

성공을 위한
셀프 컨트롤 비법 3가지

'나를 내 마음대로 만들 수 있다면 좋을 텐데.'

한 번쯤 이런 생각을 해본 적 있지 않은가? 소심한 사람은 카리스마 넘치는 모습을, 용기가 없는 사람은 앞에 나서서 리더십을 발휘하는 모습을 그린다. 하지만 자신을 컨트롤하기는 여간 힘든 일이 아니다.

사람은 각자 자신이 원하는 모습이 있다. 서비스를 하는 사람들에게서 보이는 단정한 용모, 그 안에서 배어 나오는 프로페셔널함, 보기엔 차가워 보이지만 다른 사람을 배려할 줄 아는 따뜻함 등등. 만약 업계에서 최고가 되고 싶을 정도로 야망이 있는 사람이라면, 자신이 바라는 모습은 조금 더 구체적일 수 있다. 자신이 존경하는 누군가와 비슷한 용모로 꾸미고 싶다거나, 어떤 일화 속 주인공의 마인드를 그대로 장착하고 싶어 하는 것처럼 말이다. 이렇게 자신이 되고 싶은 모습으로 이미지 메이킹을 하려면 먼저 자기 자신을 컨트롤할 수 있어야 한다. 날씬한 몸매를 원하면서 매일 밤마다 치킨 배달을 시키거나, 사업을 하고 싶다면서 넷플릭스와 유튜브를 보며 드러누워만 있다면 아무것도 이룰 수 없다. 먼저 나를 이겨야 내가 원하는 모습을 만들 수 있다. 그러기 위해서는 나를 컨트롤 할 수 있어야 한다. 그 비법 3가지를 알아보자.

항상 일관된 모습을 가져라

첫 번째, 항상 일관된 모습을 갖도록 노력해야 한다. 이는 자신의 뚜렷한 의지와 목적, 기본 정신에서부터 나오는 모습이다. 이 중에 하나라도 흔들리게 되면 다른 사람들에게 보이는 모습도 흔들릴 수밖에 없다. 일관적인 모습은 나 자신과 주변의 사람들에게도 물론이거니와 고객을 대할 때에도 상당히 중요하다. 그런데 여기에 우리를 자주 시험에 들게 하는 것에 '감정'이라는 방해꾼이 있다.

감정 기복이 심한 사람은 주변 사람을 상당히 성가시게 만든다. 어떤 닐은 기분이 좋아 콧노래를 부르던 상사가, 어떤 닐은 문을 들어서면서부터 화가 나서 시뻘게진 얼굴을 보이기도 한다. 그럼 그날은 여지없이 모두가 눈치를 봐야만 하는, 피곤한 경험을 해본 적이 있을 것이다.

환자가 몰리는 병원은 서비스가 다르다

환자가 받는 서비스도 우리의 감정에 따라 편차가 있다면 어떨까? 환자의 기분도 날마다 다를 수 있겠지만, 그로 인해 환자로서 받고 싶은 서비스 수준의 정도가 크게 흔들리지는 않는다. 기본적으로 환자가 서비스를 원하는 기준이 정해져 있기 때문이다. 하지만 우리는 환자의 입장이 되어야만 하는, 쉽게 말해 입장을 바꿔놓고 생각해야 하기 때문에 우리의 마음을 어지간히 단단히 먹지 않는 이상 늘 같은 서비스 수준을 유지하기 쉽지 않다.

"환자에게 친절하세요.", "환자에게 자세히 설명해주세요."라고 말을 하기보다는 상황별 매뉴얼과 프로세스를 구축하는 것이 좋다. 이런 상황에서는 이렇게 하라고 명확하게 제시되어 있으면 직원의 성향에 따라, 그날의 기분에 따라 좌지우지되는 일은 줄어들 것이다.

병원 컨설팅을 진행할 때에도 '제 3자의 눈으로 보는 것이 중요하다.'라고 말한다. 자신의 주관적인 감정을 싣지 않고 사실만 체크해야 정확한 분석을 할 수 있기 때문이다. 직원의 입장이 되어 고려할 것들은 수없이 많지만, 정말 직원으로 근무하는 사람이 컨설팅을 해서는 제대로 된 결과를 기대하기 어렵다. 직원으로서 생각하는 업무의 양, 업무의 강도, 물리적인 요인 등등을 고려하지 않을 수 없기 때문이다.

병원에서 직원이 환자와 유일하게 불꽃 튀는 신경전을 하는 때가 언제인지 아는가? 다름 아닌 바로 예약을 잡을 때이다. 의외로 데스크에서 감정적인 응대를 하다가 최종적으로 환자가 이탈하는 경우가 종종 생긴다. 보통은 환자의 예약을 돕는 실무자의 마인드가 잘못 형성되어 있는 경우가 많다. 환자와 신경전을 벌일지언정 그렇게 하는 것이 옳다는 생각이 머릿속에 정립되면, 오히려 병원에 악영향을 미치는 일이라고 하더라도 무조건 해내고 만다. 그러면서 이렇게 하는 것이 병원에 도움이 되는 일이라고 생각하며 자신의 역할을 합리화한다. 환자의 마음은 조금 상했을지언정 어찌 됐든 업무에는 차질이 생기지 않도록 해결했다는 주관적인 생각 때문이다.

이런 잘못된 생각이 정립되는 경우는 2가지로 구분된다. 한 가지는 직원들끼리 바쁜 진료에 대해 부정적인 방향으로 마인드 형성이 이미 되어 있는 경우이다.

쉽게 이해하기 위해 스토리를 하나 따라가보자. A병원의 직원들은 불평불만이 많다. 원래 그랬던 건 아니었으나 이미 형성된 병원의 분위기에 새로운 직원이 들어와도 금세 물이 들었다. 환자가 예약을 하지 않고 내원하자 예약 없이는 진료를 볼 수 없다고 말을 한다. 환자는 어떻게 좀 안 되겠냐고 사정을 하고 어느 순간 언성을 높이며 싸우게 된다. 직원은 이제 병원과 관계없이 자신의 자존심을 건드린 이 환자에게 분노해서 소리 지른다. 이런 상황이 반복되자 소문이 좋지 않게 나고 자연스럽게 환자 수가 줄어들었다.

이런 경우에는 다른 직원과의 마찰이나 대립 구도를 형성하지 않기 위해 동료의 마인드에 편승하게 된다. 사실 이것은 개인 하나를 나무란다고 해결되지는 않는다. 누구라도 이런 분위기가 형성되어 있다면 자신의

환자가 몰리는 병원은 서비스가 다르다

역할이나 본분을 잊은 채 감정에 휩쓸리게 될 수 있다. 그래서 내가 현재 어느 곳에 있는지, 어느 정도의 서비스 수준을 갖춘 병원에 있는지 파악하는 것이 중요하다.

다른 한 가지는 병원의 진료시스템이 붐비는 환자에 매우 민감하고 취약한 상황이다. 이 상황에서는 일단 병원 콘셉트를 확인할 필요가 있다. 예약제로만 이루어진 병원인지 아닌지가 일단 관건이다. 만약 예약이 아닌 환자들도 수용해야 하는 상황이라면, 최대한 많은 환자를 진료할 수 있는 시스템을 기획해야 한다. 예약을 하지 않은 환자가 예약한 환자보다 더 기다릴 수는 있지만, 예약을 안 했기 때문에 2시간씩 기다리는 것이 당연하다고 생각하는 병원은 현재 콘셉트와 맞지 않다는 것이다. 감정과 시스템 사이의 괴리를 줄일 수 있는 상황별 매뉴얼과 프로세스가 필요한 순간이다.

다시 돌아와 이야기해보자. 직원의 주관적인 감정이 개입되면, 고려할 것이 너무나도 많아진다. 서비스를 제공하는 역할로서 판단되어야 하는 부분도, 그 외의 여러 가지 역할과 감정에 충돌하게 되는 것이다. 개인의 위치나 감정을 막론하고, 주관적인 자신의 견해를 섞다 보면 일관된 서비스, 서비스 제공자의 모습이 흐트러지게 될 수밖에 없다. 내가 서비스를 제공하는 주체를, 나의 개인적인 목적이나 주관적 견해의 수단으로 만드는 것은 절대 하지 말아야 할 행동이다.

나의 모습에 자신감을 가져라

두 번째, 나의 모습에 자신감을 가져야 한다. 내면의 모습, 기본 정신과 철학이 바르게 고착되어야 하는 것이 우선이지만, 무시할 수 없는 것이 바로 외적인 요소이다.

인간의 외적인 요소에는 뭐가 있을까? 얼굴의 생김새, 키, 체격, 목소리, 표정 등 우리가 한눈에 보고 느끼는 많은 것들이 외적인 요소가 된다.

내가 치과 데스크 실무자들을 대상으로 했던 '환자 상담' 파트에서, '옆 동네 경쟁 병원과 다른 우리 병원'에 대한 이야기를 나눴던 적이 있다. 대부분 상담은 '금액'이 저렴하면 우위에 있다고 생각하는 실무자가 많고, '상담 = 금액 설명'이라고 단순하게 생각하는 사람들이 많았기 때문에, 금액의 틀에서 벗어나 우리 병원의 장점을 설명해보자는 취지에서 꺼낸 소재였다. 내가 "옆 병원과 우리 병원의 차이점은 뭘까요?"라고 물으면 수강생들은 '옆 치과보다 대단한 장점'을 찾아내느라 정신없이 고민하는 것이 느껴진다. 그리고 현재 환자들에게 하고 있는 상담 방법을 내게 이야기해주거나, 슬프지만 딱히 없다고 이야기하는 수강생도 적지 않았다. 나는 옆 병원보다 뛰어난 우리 병원의 '장점'을 물어본 것이 아니라, 옆 병원과 다른 '차이점'을 알고 싶었던 것인데 말이다.

지금 내가 이야기하려는 외적인 요소 또한 많은 사람들이 같은 맥락으로 받아들일 수 있을 것이다. 나는 준수한 외모, 중저음의 신뢰가 가는 목소리, 훤칠한 키 등의 누가 봐도 '뛰어난' 요소를 이야기하는 것이 아니다. 자기가 가진 '특색'이 무엇인지 찾고, 그것을 적절히 활용할 줄 알아야 한다. 다른 사람들과 다른 모습 안에서 방법을 찾는 것이야말로 자신의 능력이자 문제 해결이 될 수 있다.

아주 오래전 CS강사에 대한 교육을 받았을 때, '부드러운 인상'을 위한 여러 가지 팁을 듣고 눈썹을 염색한 적이 있었다. 나는 아주 어릴 때부터 눈썹 하나만큼은 자타가 공인하는 미인이라고 이야기를 들어왔었는데, 그때만큼은 내 짙은 눈썹의 단점만 보이고 무언가 새로운 모습으로 변화시켜야 할 것만 같았다. 짙은 눈썹은 상대방에게 강한 인상을 주기 때문에 부드러운 인상을 위해서는 갈색으로 염색을 해야 한다고 배웠기 때문이다.

그 당시엔 눈썹 염색이 요즘처럼 흔하지 않다 보니, 염색하러 간 그 순간에도 일이 순탄하게 이루어지지 않았다. 눈썹만 염색하러 왔다고 말하는 나를 보는 미용실 직원의 '뭐야? 뭐야? 신종 돌아이인가.' 싶은 눈빛이 아직도 잊히지 않는다. 눈썹에 염색 크림을 바르고 겨우 떨어지지 않을 정도로 랩을 달랑달랑 붙여놓은 거울 속의 내 모습을 보니 그때부터 벌써 자신감이 없어지기 시작했다.

날 것을 가공하려고 하니, 날 것의 내 모든 모습에 더 자신이 없어졌다. 결과적으로 갈색으로 염색한 내 눈썹은 확실히 훨씬 부드러운 인상을 주었다. 그렇지만 '염색한 눈썹이 빠지고 새로 나는 눈썹이 우스꽝스러워 보이지는 않을까', '염색이 제대로 되지 않아서 예전의 강한 이미지가 그대로이지는 않을까'하는 걱정이 오히려 처음의 내 모습보다 더 자신 없는 모습으로 나타났다. 애초부터 오래 갈 리 없던 염색한 눈썹은 결국 금세 본래의 내 눈썹으로 돌아왔다. 그렇다고 내가 강의를 망쳤을까? 그렇지 않았다! 내 진짜 모습 그대로도 얼마든지 부드러운 분위기의 강의를 진행할 수 있었다.

대학병원 직원들을 위한 온라인 강의를 진행할 때의 일화도 있다. 나는 당당하고 자신감 있는 모습으로 보이기 위해 머리에 한껏 웨이브를 넣고 촬영장으로 향했다. 스튜디오로 가는 동안에도 나는 머리 스타일이 망가지지는 않을까 온 신경이 곤두서있었다. 가는 길이 멀었던지라 머리에 넣은 웨이브는 시간이 지날수록 축 늘어져 볼품없어져버렸다. 정작 촬영을 시작 할 때 내 머리카락은 좌우로 어떻게 돌려도 제자리를 찾지 못했다. 온라인 강의 막바지 촬영 때에는 머리의 컬이 얼굴을 감싸서 마치 덤불 속에서 강연을 하듯 굉장히 신경이 쓰였던 기억이 있다.

한 번은 자신이 없는 모습을 바꾸려다가 오히려 더 불편해져버렸고, 한 번은 너무 과한 욕심을 부리다가 더 난감해졌다. 물론 자신을 미적으로 가꾸는 것이 중요하지 않다는 것은 아니다. 어느 정도의 자기관리는 분명 자신감을 준다. 그렇지만 인위적으로 내 모습을 꾸미는 것보다 더 중요한 것은, 있는 그대로의 것을 감추지 않고 드러낼 수 있는 것이다. 내 모습 그대로 자신감을 가진다면 무슨 일이든 당당하게 해낼 수 있다.

환자가 몰리는 병원은 서비스가 다르다

여유 있는 모습을 유지하라

세 번째, 여유 있는 모습을 유지하여야 한다.

예전부터 나의 바람은, 여유 있는 사람이 되는 것이었다. 여기에서 말하는 '여유'는 금전적 여유나 시간적 여유가 아니라, 모든 일을 넓게 크게 바라볼 수 있는 여유, 진득하게 생각할 줄 아는 여유이다. 마음이 급하면 자기 자신을 컨트롤할 수 없다.

갑자기 불어닥치는 변화의 상황에서 급격히 예민해지는 사람이 있다. 날 때부터 타고난 침착한 성향이 아니고서야, 대다수의 사람들은 주위의 환경에 따라 평정심을 잃어버릴 수밖에 없다. 그래서 우리는 트레이닝이 필요하다.

요즘 몸만들기가 붐이다. 미적 아름다움과 함께 건강을 함께 챙기려는 이른바 '헬짱', '헬고수'들이 늘어났다. 운동을 처음 시작하는 사람들에게, 운동 좀 한다는 사람들 모두가 입을 모아 강조하는 운동이 있다. 바로 코어 운동이다. 코어는 우리 몸의 중심축을 의미하는데, 코어 근육이 약하면 코어 근육과 연결된 팔, 다리 근육도 영향을 받아 제 기능을 하지 못하게 된다고 한다. 반면, 코어 근력이 강할 경우 모든 움직임이 쉬워지고, 허리와 전반적인 기능이 향상되어 어떤 운동을 해도 어렵지 않게 수행할 수 있다고 한다.

이제 우리는 내면의 코어 근력을 길러보자. 일단 어떤 일이든 긴장하지 않고, 한 걸음 멀리서 지켜보는 자세가 필요하다. 당장 벌어진 문제점 안에서 허우적거리면 본질을 보지 못하는 경우가 많다. 누가 제일 잘 못했는지 머리를 굴리고, 어떻게 무마할지를 생각하기보다 왜 이런 일이 생겼는지, 어떻게 하면 다음에는 이런 일이 생기지 않을 것인지를 고민 해야 한다. 그런 고민을 하는 동안 잃었던 평정심을 다시 찾게 되고, 다른 사람을 비난하는 일이 줄어든다.

다른 사람의 문제를 탓하기보다는 자신의 문제점을 찾고 개선해나가는 방법도 효과적이다. 단점을 먼저 찾아내는 사람이 성공하는 것이 아니라, 단점을 먼저 고치는 사람이 더 빨리 성공할 수 있다. 그 이유가 상대방을 변화시키기 위한 지적이었다고 해봤자, 상대방이 자신을 스스로 되돌아보지 못하면 아무짝에도 쓸모없는 오지랖일 뿐이다. 다른 사람이 아닌 자기 자신을 되돌아보자. 끊임없이 자신을 연구하면, 언젠가는 깨닫고 변화할 수 있다. 마음 근육을 단단하게 하는 것은 방법만 안다면 어렵지는 않다. 하지만 꾸준한 트레이닝이 필요하다. 실패하고 또 실패해도 나를 위한 가치 있는 투자이다.

이 3가지 방법을 거치면 분명 자신을 컨트롤 할 수 있는 힘이 생긴다. 보통 뉴스에 나오는 우발적인 범죄자들을 보고, 자기 자신도 컨트롤하지 못하는 사람들이라며 한심해한다.

오늘 나의 모습은 어떤가? 죄를 짓지 않았을 뿐, 나도 스스로를 컨트롤 하지 못해서 나 자신에게 스트레스를 주고, 다른 사람과의 관계도 틀어지게 만들지 않았는가? 자신을 마음대로 할 수 있는 사람은 결국 나 자신

환자가 몰리는 병원은 서비스가 다르다

이다. 똑똑한 자기관리로 나 스스로를 만족시키고 여유로운 삶을 살아가자.

3.

뜨겁고 열정적인
삶을 살아라

열정이 진심어린 서비스를 만든다

"당신이 머리가 아픈 건 남보다 더 열정적이기 때문입니다."

이 카피를 기억하는가? 미국의 제약회사인 '존슨 앤 존슨즈(Johnson and Johnson's)'가 아세트아미노펜이라는 성분으로 만든 해열진통제 '타이레놀'의 광고이다. 이 광고는 현대인의 고질병이라 할 수 있는 두통을 겪고 있는 수많은 직장인의 공감을 얻었다. 우리를 머리를 이토록 아프게 하는 열정이란 무엇인가.

환자가 몰리는 병원은 서비스가 다르다

요즘은 '열정'이라는 단어가 여기저기에 붙는다. 노동의 정당한 대가 없이 청년들의 열정만을 바란다는 신조어 '열정 페이'부터 시작해서, 한 번쯤은 들어봤을 콘텐츠 '열정에 기름 붓기', 거기다 의지와 포부를 나타내는 '열정○○'과 같은 상호들까지, 열정이 줄을 잇는다.

열정의 사전적 의미는 어떤 일에 열렬한 애정을 가지고 열중하는 마음이다. 어딘가 모르게 익숙한 이 의미, 바로 고객에게 서비스를 대하는 우리의 태도와 매우 유사하다.

일? 사랑? 공부? 당신은 언제 열정을 가져보았는가? 지금 생각해보면 내가 서비스를 즐겁게 하게 된 것은, 열정적인 마음으로 일을 하기 전과 후로 나뉜다. 나는 서비스가 적성에 맞아 어렵지 않게 접근했지만, 그럼에도 불구하고 열정을 갖기 전에는 서비스를 즐기며 하지 못했던 것 같다. 하지만 업무에 인정을 받으며 조금씩 성장하고 열정을 갖게 되면서 나의 일인 서비스를 즐기기 시작하였다.

내가 알던 원장님께서 해주신 말씀이 기억난다. 환자를 시어머님처럼, 장인어른처럼 대해야 한다는 말이었다. 내 부모처럼 너무 가까워서도 안 되고, 남처럼 너무 멀어도 안 된다는 것이다. 행여 실수라도 할까 노심초사하며 행동거지를 조심히 하고 예의를 갖추는 것도 고객을 대할 때와 비슷한 모습이다. 우스갯소리로 스치듯이 하셨던 말씀이었지만 너무 공감되는 이야기여서 아직도 기억에 남는다. 고기도 먹어본 사람이 맛을 알고, 응대도 해본 사람이 할 수 있다. 열정과 매우 닮아 있는 이 서비스도 열정적인 삶을 살아본 사람이 제대로 할 수 있는 것이 아닐까.

한 번쯤 뜨거운 '사랑'을 해본 적 있을 것이다. 사랑은 기본적으로 그 사람에 대한 배려가 있어야만 가능하다. 데이트를 할 때, 혹은 연애편지를 쓸 때에도 그 사람에 대한 깊은 관심이 없으면 할 수 없다. 나의 에너지를 비롯해 온 감각을 쏟지 않으면 힘든 것이다.

서비스도 마찬가지이다. 상대에게 관심이 없다면 수박 겉 핥기와 같은 서비스밖에는 할 수 없다. 배려하는 마음이 있어야 하고, 진심으로 공감할 수 있어야 한다. 그야말로 열정을 다해야 하는 것이다.

서비스 정신과 열정은 닮았다

미국의 건강·의료 매체인 메디컬뉴스투데이의 연구원들은 열정을 '개인적으로 중요한 가치에 대해 느끼는 감정으로 그 가치를 표현하려는 의도와 행동에 동기를 부여하는 것'이라고 정의 내렸다. 열정적인 삶을 사는 것은, 나의 삶을 윤택하게 만들어줌과 동시에 자신의 업에도 도움을 줄 수 있는 확실하고도 지혜로운 방법이다. 서비스하는 방법, 절차, 매뉴얼을 익히는 것과는 차원이 다르다. 자기 자신을 다스리고, 마음가짐을 바르게 하는 것에서부터 큰 의미를 가진다.

『과학저널 〈Brain Sciences〉 - 특별호』에 따르면 운동, 열정, 관계라는 3가지 요소가 노화 과정에서 건강한 두뇌를 유지하는 비결인 것으로 드러났다고 한다. 세상을 살면서 어떻게 하고 싶은 것만 하면서 살 수 있겠는가? 어떻게 늘 좋은 일만 있을 수 있겠는가? 일에 대한 열정과 그로부터 오는 기쁨은 자신의 내면을 더욱 단단히 만들어줄 수 있다.

열정이 있는 삶을 산다면, 당신은 충분히 고객을 만족시킬 수 있을 것이다. 서비스 정신은 열정과 매우 닮아 있다.

4.

무엇보다도 자기 자신을
사랑하라

나를 가장 사랑해야 할 사람은 나 자신이다

나를 가장 사랑해주는 사람이 누구냐고 물으면 먼저 떠오르는 얼굴이 누구인가? 나의 부족한 부분도 비난하지 않고 사랑으로 감싸주는 사람, 남들이 다 아니라고 하는 선택을 해도 믿고 응원해주는 사람, 어떤 큰 잘못을 해도 이해해주는 사람, 아마 대부분이 부모님이나 배우자, 친구들의 얼굴을 가장 먼저 떠올릴 것이다.

하지만 자신의 인생을 살아가면서 나를 가장 사랑해야 할 사람은, 가족도 친구도 아닌 바로 나 자신이 되어야 한다.

자신을 사랑하면 자신의 가치가 보인다

내가 나 자신을 사랑해야 하는 이유 첫 번째는, 나 자신을 사랑할 줄 아는 사람만이 자신의 가치를 알아볼 수 있기 때문이다. 바꾸어 말하면, 나 자신을 사랑하지 못하면, 나 자신을 제대로 보지 못한다. 자신을 객관적으로 파악하고 인정할 줄 알아야 자신을 안전히 보호할 수 있으며, 주변의 상황에 흔들리지 않고 올곧게 자신을 성장시킬 수 있다.

나를 사랑하기 위해서는, 나 자신을 스스로 격려해주어야 한다. 우리가 타인을 위한 일을 하면서, 다른 사람에게 받았던 질책과 서운한 말들, 그 섭섭함을 떨쳐낼 수 있는 것은 나 자신밖에 없다. 주변 사람들에게 휘둘러서 울고 웃는 삶은, 파도에 의해 이리저리 휩쓸리는 모래와 같다. 어떤 시련에도 견딜 수 있는 강인한 마음을 기르기 위해서는, 나 스스로를 진정으로 이해하고 위로하며 격려할 수 있는 무언가가 있어야 한다. 그것이 바로 나 자신이다.

이 세상에서 나를 가장 잘 아는 사람이 바로 '나'다. 내가 이 일을 끝내기 위해 어떤 노력을 했는지, 이 자리에 오르기까지 얼마나 힘든 역경을 이겨냈는지, 하루하루 얼마나 치열하게 살아가고 있는지를 아는 사람은 오직 나뿐이다.

주변 사람들은 '보이는 나'를 보고 이야기한다. SNS에 잘 먹고, 잘 사는 모습을 올리면 그저 아무 걱정 없이 잘 지내는 줄로만 안다. 사실 매일매일 사는 것이 지옥인 사람이 '보이는 나'를 위해 호캉스를 가고, 고급 레스토랑에서 식사하는 글을 올리는 것을 다른 사람은 알지 못한다. 반면, 매일 힘들다, 괴롭다는 얘기만 계속한다면 사람들은 사업이 망하기라도 한 줄 알 것이다. 로또에 당첨된 사람이 그 사실을 감추기 위해 힘들다며 볼멘소리를 한다는 것을 알 리도 만무하다.

누구나 다른 사람에게 숨기는 나의 모습이 있다. 거짓말을 하려고 하거나, 사기를 치려고 하는 것이 아니라고 해도, 있는 그대로의 모습을 모두에게 다 드러내는 것은 관계를 맺고 살아가는 사회 속에서 사실상 불가능하다. 더욱이 외부에 그대로 노출되는 직업을 가진 사람이라면, 혹은 상대방을 기분 좋게 만들어야 하는 의무가 있는 서비스직을 업으로 하고 있다면, 나로 인해 타인에게 끼치는 영향에 대해 생각을 하지 않을 수 없다.

더욱이 사회에서 어느 정도 위치에 올라서게 되면 자신의 성향대로 표현하기가 더 어려워진다. 그저 병원의 구성원일 뿐인 나의 일상만 보더라도 그렇다. 일단 내가 병원에 출근했을 때 내가 하는 모든 행동들은 나 있는 그대로의 모습이 아닌 실장, 혹은 중간 관리자, 혹은 경영자의 마인드로 탈바꿈한다. 다른 사람들보다 뛰어나 보여야 한다는 개념이 아니라, 내가 하는 어떤 행동이든 다른 사람에게 영향을 미칠 수 있다고 생각해야 하기 때문이다.

SNS에 거짓된 글을 올리는 사람들과 같은 맥락으로 생각했을 때, 나 자신을 이해하는 사람도, 나 자신을 컨트롤하는 사람도 결국 나 자신뿐이다. 주변 사람들은 내가 드러내는 모습만을 진짜 나의 모습이라고 생

환자가 몰리는 병원은 서비스가 다르다

각하지만, 결코 그렇지 않다는 것은 나 자신만 이해한다. 그 속의 '드러나지 않는 나'를 안아줄 사람은 결국 나 자신이다.

자신을 사랑하면 타인을 진심으로 사랑할 수 있다

나를 사랑해야 하는 이유 두 번째는, 나 자신을 사랑할 줄 알아야 다른 사람을 사랑할 수 있기 때문이다. 나 자신도 사랑할 줄 모르는 사람은 타인에 대한 이해도 어렵다. 인간은 사회적 동물이다. 좋든 싫든 인간으로 태어났으면 무조건 사람들과 관계를 맺고 살아가야 하는데, 이때 꼭 필요한 것이 자신과 타인에 대한 이해이다. 나 스스로를 사랑해야 다른 사람들과의 관계 속에서 상처받지 않고, 상처 주지 않고 살아갈 수 있다. 그런 힘을 길러주는 것이 바로 자존감이다.

자존감을 높일 수 있는 가장 좋은 방법은 지식을 쌓는 것이다. 절대 배움을 소홀히 하지 말라. 좋은 옷과 좋은 구두도 나를 돋보이게 만들어줄 수 있다. 하지만 다른 사람과 나를 비교하는 우월감이 아닌, 나 스스로를 당당하게 만들어주는 자존감을 위한 방법을 찾아야 한다. 겉치레가 아닌 지식에 투자하라. 내면을 단단하게 하기에 가장 좋은 것은 지식이다.

내면이 단단한 사람은 불안에 떨지 않는다. 우리가 처음 맞닥뜨리는 상황에 두려워하는 것은 그 상황에 대해 잘 알지 못해서이다. 업무에 있어서도 마찬가지다. 잘 모르면서 의욕만 앞서는 사람들의 공통점이 무엇인지 아는가? 상당히 예민하다는 것이다. 자신이 맡은 업무에 대한 확신이 없기 때문에 자신이 없고, 앞으로 다가올 상황을 두려워한다. 예상치 못한 변수에 심각하게 흔들리는 모습을 보이고, '어떡하지, 어떡하지?' 하며 고민하는 모습이 얼굴에 그대로 드러나기도 한다.

반면, 아는 것이 많아지면 웃어넘길 수 있는 여유가 생긴다. 자신의 업무에 대한 확신이 있기 때문에 자신의 선택에 늘 당당하다. 어떤 위협이 있더라도, 위기를 기회로 만드는 것이 어렵지 않기 때문이다.

서비스업은 외부의 영향을 많이 받는 직종이다. 사람이기 때문에 어쩔 수 없이 고객의 영향을 받기도 하고, 상황이 상처를 주기도 한다. 나에게 화살이 날아올 때, 이겨낼 수 있는 무기가 되는 것이 나를 사랑하는 방법이다. 자신을 격려하며 스스로 단단해져야 하며, 지식을 쌓아 흔들림 없는 프로의 모습을 유지할 수 있어야 한다. 그리고 준비된 사람이 되어야 한다. 현실에 안주하지 말고 더 나아갈 수 있는 사람이 되어야 한다. 그 것이야말로 진정으로 자신을 사랑하는 방법이다.

누군가에 의존하여 기생하는 삶은 진정한 내가 일구는 삶이 아니다. 내가 내 인생을 일궈낼 수 있어야 오롯이 나를 위한 수확을 할 수 있다. 자신이 어느 위치에 있더라도 현실에 안주하며 살아가지 말라. 사회에서 어느 정도 자리를 잡았다고 해서 쉬엄쉬엄해도 계속 그 위치를 유지할 수 있을 거라고 생각하면 큰 오산이다. 현재 안정적인 삶을 살고 있다고 해서, 변화를 두려워해서는 안 된다. 더 발전하는 자신을 위해 노력해야 한다.

나 자신을 사랑하는 일은 어렵게 풀어내야 하는 숙제가 아니다. 내가 이 세상을 살아갈 때 너무나 당연한, 매 순간 이루어져야 하는 마치 숨을 쉬는 것과 같은 일이다. 우리가 사람을 대하는 일을 한다면 더더욱 그러하다. 앞서 이야기했던 것처럼 내가 나를 사랑할 수 있어야 다른 사람들도 마음으로 사랑할 수 있다. 내가 나를 격려하고 이해해주어야 다른 사람이 던진 돌에 쉽게 맞아 죽지 않는다.

타인에게 따뜻한 말을 하기 전에, 거울 앞에 있는 나에게 따뜻한 미소를 지어보자. 타인에게 좋은 진료를 안내하기에 앞서 나의 마음에 상처는 없는지 나를 들여다보자. 내가 나를 사랑할 수 있어야, 진심으로 다른 사람을 기쁘게 할 수 있다.

5.

나는 나의 첫 번째
고객이다

아무리 해도 어렵다면, 작은 목표부터 정하라

기존의 많은 직업들이 사라지고, 새로운 직업들이 하루가 다르게 생겨나면서 '직업에 귀천이 있다'는 말은 요즘은 거의 쓰지 않는 말이 되었다. 자칫 이런 말을 썼나가는 꼰대 취급을 당하며 온갖 비난의 화살을 온몸으로 받을 것이 뻔하다. 그런데 정말 이 단어가 사라진 것일까? 정말 이런 생각 자체를 하지 않게 된 것일까? 나의 직업은 어떠한가? 내 아이가 커서 나와 같은 일을 한다고 했을 때 응원해줄 수 있는 일인가?

만약 자신이 가진 직업의 위치가 자신이 판단하는 기준에서 평균 이하

환자가 몰리는 병원은 서비스가 다르다

라고 생각한다면, 반드시 자신의 기준점 이상으로 끌어올릴 필요가 있다. '내가 어떻게 하겠어.'라는 생각만 하고 포기할 것이 아니라, 적어도 지금보다는 조금 더 나은 곳으로 한 발자국 나아가야 한다. 어떻게 시작해야 할지 모르겠다면 이런 방법은 어떨까?

일단 작은 목표를 정하는 것이다. 목표라는 것은 목적을 이루려는 실질적인 대상이나 도달 지점이 되기 때문에, 구체적일수록 좋다. 당연히 지금보다 나은 결과치를 목표로 삼아야 하며, 목표치를 높게 잡더라도 반드시 실현 가능한 것이어야 한다. 각자의 상황에 따라 목표는 달라질 수 있다.

예를 들어, 다음 달의 매출 목표를 이번 달보다 10% 올려 잡는 것도 괜찮고, 지금 직장보다 조금 더 인지도 있는 직장으로의 이직을 결심해보는 것도 좋다. 급여가 불만이라면 단 10만원이라도 더 주는 곳을 경험해보는 것도 결코 후회할 일은 아닐 것이다.

이런 식으로 조금씩 목표를 정하고 달성하기를 반복하다 보면 자연스레 세계관이 넓어진다. 이는 나의 직업을 객관화하는 작업의 일부이다. 나의 직업을 객관화하면 그동안 인지하지 못했던 나의 위치도 보인다. 전부인 줄 알았던 작은 세상 밖으로 나와 내가 들어가 있었던 우물을 바라보고 있는 자신을 발견하게 될 것이다.

내 직업을 자랑스럽게 여겨라

그럼 이런 작업은 왜 필요할까? 내가 고객을 만족시키려면 나부터 떳떳하고 만족스러워야 하기 때문이다. 서비스직은 결코 천대받을 만한 직업이 아님에도 불구하고, 그저 접근하기 쉬운 직업, 누구나 할 수 있는 직업이라고 생각하는 경향이 있다.

내가 실장 업무 강의를 할 때 늘 하는 이야기가 있다. 누구나 할 수 있는 전화 받기, 아무나 해도 되는 환자 접수, 대충 해도 되는 데스크 업무라고 말하는 많은 사람 중에 정작 제대로 할 수 있는 사람은 극히 일부이며, 이 역할을 제대로 해내지 못하는 병원에 얼마나 큰 파장이 있을 것인지 아는 사람은 없다는 것이다.

우리 사회에서 서비스직 종사자들에게 쏟아지는 시선으로부터 당당해질 수 있으려면 자신이 생각하는 평균 이상의 위치까지 올라가야 비로소 가능해지는 것이 현실이다. 그 첫 번째 단계가 바로 '직업 객관화'다.

나의 모습을 간접적으로 경험하는 것도 우리의 직업을 객관화하는 데 많은 도움을 준다. 나와 같은 직종을 가진 사람들을 찾아가 경험하고 배울 점을 찾아보는 것이다. 다른 사람의 행동 모두가 좋은 가르침이 될 수 있다.

"안녕하십니까, 어서오십시오."

대학생 시절, 나는 백화점에서 아르바이트를 했다. 나중에는 좋은 제안을 받았을 정도로 실적도 좋았고, 나도 적성에 잘 맞는다고 생각했다. 내가 근무했던 곳은 핸드백, 장갑 등을 판매하는 잡화 코너였는데, 각 매장의 직원들의 연령대도 정말 다양했다. 나는 초창기 사회생활을 이곳에서 제대로 배웠고, 나름 규율이 확실했던 이곳에서 사회를 알게 된 것이 여러 가지로 너무 다행이었다는 생각도 한다. 물론 그 당시에는 달력에 하루하루 엑스표를 치며 내가 계획한 일 년이 채워지기를 고대했을 정도로 힘들긴 했지만 그만큼 얻은 것도 많았다.

이제 와 생각해보면, 대학생부터 그들의 어머니 연령까지 다양한 세대를 접한다는 것은 사회 초년생인 나에게 큰 메리트였다. 심지어 우리는 모두 같은 일을 하고, 서로의 일하는 모습을 관찰할 수도 있었다. 나는 알게 모르게 다른 사람들의 판매 방식을 보고 익히게 되었다. 배운 점도 있었겠지만, '저렇게 하니까 내가 보기에도 좋지 않네. 나는 저렇게 하지 말아야지.'라고 생각한 점도 분명히 있었을 것이다. 이렇게 간접 경험을 쉽게 할 수 있고 선의의 경쟁이 가능한 곳에서, 조금이라도 서비스 마인드가 탑재되어 있는 사람이라면 스킬이 늘지 않는 것이 되레 이상할 노릇이다.

어느 정도 일을 익힌 후 내가 있던 브랜드의 매니저님은 내가 물건을 잘 팔아서 내가 나오는 주말이 좋다고 하셨고, 층의 관리자님에게도 "우리 희진 씨가 아주 수고가 많아요."라는 말을 들을 정도로 인정을 받게 되었다. 이건 정말 이례적인 일이었다. 매니저님들도 어려워하는 분에게 그런 말을 들으니 나는 더 잘하고 싶다는 욕심이 생겼다.

나는 내가 하는 일에 있어 누구보다 잘 해내려고 애썼다. 혼자서 하고 만족하는 것이 아니라, 비교할 대상을 찾아 끊임없이 배우고 경험했다. 다양한 연령대의 직원들은 각자의 위치에서 고객들을 대하는 태도도 조금씩 다 달랐다. 어떤 직원은 친근감을 무기로 삼았고, 어떤 직원은 전문적 느낌을 강조했다. 발랄하게 상품의 장점을 설명하는 직원이 있는가 하면, 최대한 자세하게 상품의 하나하나를 모두 열거하는 직원도 있었다. 모두 다 각자의 장점이었고, 잘못하고 있는 사람은 단 한 명도 없었다. 나도 나 특유의 편안함과 섬세함으로 고객 한 명, 한 명에게 최선을 다했고, 나의 사수와 옆의 동료들을 보며 더 좋은 자세를 배워나갔다.

나 스스로를 소중히 대우하라

병원의 서비스도 다르지 않다. 최고의 서비스를 제공하고 싶다면, 내가 많은 대우를 받아보아야 한다. 꼭 비싸고 좋은 곳이 아니더라도, 여러 종류의 서비스를 경험해보는 것이다. 병원의 서비스이기 때문에 꼭 병원만 고집할 필요는 없다. 어느 곳에서나 배울 점이 있기 때문이다. 특히 고급 레스토랑이나 호텔의 경험은 꼭 해보기를 추천한다. 최고의 대우를 받아보지 못한 사람은 절대 최고의 서비스를 제공할 수 없다. 내가 경험해보지 못했기 때문에 내가 하고 있는 서비스가 최고라는 우물 안 개구리 같은 생각에 머물게 된다. 다양한 경험은 나를 더 단단하게 만들어줄 것이다.

직업병이라는 말이 있다. 사전상 의미는 어떤 특정 직업에 종사함으로써 근로조건이 원인이 되어 일어나는 질환을 일컫는 것이지만, 다른 의미로 사용할 때가 종종 있다. 내가 소비자, 즉 고객으로 접근했다고 하더라도 직원의 시선으로 상황을 파악하게 되는 경우나 답답한 업체의 일처리를 겪는 상황에서도 본인의 서비스 정신이 투영되어 "직업병 때문에 힘드네."라는 말을 하는 경우가 그에 속한다.

평소 서비스를 제공하는 사람이 고객의 입장에서 부정적인 서비스를 경험할 때, 대부분 2가지 부류로 나뉜다. 직장에서의 자신을 대입해 너그러운 마음으로 이해해보려고 애쓰거나, '나라면 저렇게 안 하지, 도저히 이해할 수가 없는 행동이야!'라고 하면서 비난을 하거나.

어느 쪽이어도 상관없지만, 반드시 이 사건을 통해 배울 점에 대해 한 번쯤 생각해보아야 한다. 나라면 이와 같은 상황에서 어떻게 했을 것인지, 이 업체의 상급자의 태도는 어떠한지, 그리고 어떻게 돌아가는 시스템인지 유추해보고 시정할 것이 어디서부터 어디까지일지 고민해보는 것이다. 내가 해당 업체의 수십, 수백 명의 직원들을 책임져야 하는 사장도 아니고, 그저 내 머릿속으로 하는 상상이니 여러 가지 경우의 수를 만들어 이런 저런 결정을 손바닥 뒤집는 것보다 쉽게 할 수도 있다. 굳이 내가 여러 업체에 이력서를 써보고, 직접 근무해보지 않아도 이렇게 세상을 볼 수 있다니 얼마나 고마운 일인가. 수많은 '나'를 경험해보는 것이다.

내가 하는 일을 공부하는 것은 다방면으로 가능하다. 내가 하는 일의 관련 직종을 찾아보는 것도 좋은 방법일 수 있다. 나와 비슷한 일을 하는 사람들을 찾아보고, 경험해보는 것이다. 직원으로도 좋고, 손님이나 환자로도 괜찮다. 분명 그 안에서 배울 것이 있다.

내가 서비스업을 어렵지 않게 느끼고, 편하게 할 수 있었던 것은 아이러니하게도 내가 예민한 사람이었기 때문이다. 일반 고객이 생각하는 것보다 더 세심하고, 더 민감하게 반응하기 때문에, 고객에 나를 대입해서 생각했던 것이 서비스를 다각도로 바라볼 수 있게 만들었다.

나의 직업을 객관화하여 제공할 서비스 품질을 상승시켰다면, 나 자신에게 서비스를 제공해보는 것은 어떨까. 내가 나의 첫 번째 고객이 되는 것이다. 내가 고객으로서 만족할 수 있는 서비스를 해보자.